＼はじめてでも「かわいい」がつくれる！／

# かぎ針編みの、あみこもの

もちだあかり

KADOKAWA

# はじめに

はじめまして。もちだあかりです。
ふだんは主にYouTubeで編み物動画の発信をしています。

韓国の編み物ブームから火がついて、最近は街やSNSで
たくさんのかわいいあみこものを見かけますよね。
じつはそんなあみこもの、
自分で簡単につくることができるんです。

まずは難しく考えず、どんどんチャレンジしてみてください。

必要な道具は100円ショップでも揃えることができます。
お手本と同じように編み上がらなくても、
不揃いな編み目だって、
あなたがかわいい！　と思えばそれが正解です。
楽しんで編んでいけば自然と上達していきます。

編んでいると心が落ち着いたり、
1本の毛糸がどんどん形になっていくと
まるで魔法使いになった気分が味わえたり、
自分で作ったものを実際に使える楽しみだってあります。
編み物は、きっと、
あなたの人生に色どりを与えてくれるはずです。

さあ、お気に入りの毛糸で、
世界でひとつだけのあみこものをつくりましょう。

# Contents


はじめに … 2

## かぎ針編み、きほんの編み方 …6

鎖編み … 7
細編み … 8
中長編み … 9
長編み … 10

## まずは1つ編んでみよう …12

バレエコアなリボン … 13
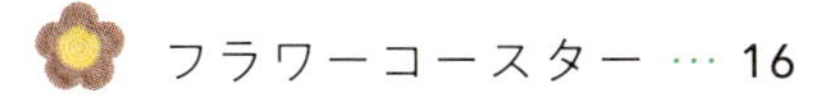
フラワーコースター … 16

## 小さくてかわいいそばにおきたいあみこもの …20

ミニミニ巾着 … 21
ワイヤレスイヤホンケース … 25
小さいお花の小物入れ … 29
フリルのポーチ … 34
編み上げカードケース … 39
トレカケース … 43
バッグチャーム … 46

## おでかけがもっとたのしくなるあみこもの …65

猫耳ニット帽 … 66
猫耳ファーニット帽 … 67
フラワーヘアバンド … 70
透かし編みのバケットハット … 72
お花のモチーフバッグ … 76
お花のモチーフバッグ〈アレンジ〉 … 82
スマホストラップ … 85
編み上げバッグ … 88
ビスチェ … 91

かぎ針編みって？ … 4
この本の使い方 … 11
column ドット編みの楽しみ方 … 48

## かぎ針編み BOOK in BOOK …49

# かぎ針編みって？

先端がカギのような形をした〝かぎ針〟に
毛糸をかけて引き抜くことで、
編み目を作ります。
そして引き抜く回数をかえることで、
細編みや長編みなど、いろいろな編み目が編めます！
輪にくるくると編んでモチーフを編むこともできます。
モチーフはいっぱい編んでつなげると、
バッグやビスチェまで作れます。
かぎ針一本で、小物から帽子、洋服まで編めちゃうし、
毛糸とかぎ針があればすぐに始められる手軽さも魅力。
さあ、楽しいかぎ針編みを始めましょう！

# きほんの必要なものは、たったの3つ！

## 1 かぎ針

金属だけのものや、グリップがついたものなど、いろいろなタイプがあるので、気に入ったものを選んで。かぎ針には号数があって、毛糸の太さなどに合わせて選びます（➡p.50）。
この本では作り方のページに、作品に適したかぎ針の号数が書いてあります。

## 2 毛糸

太さや素材や色など、作品に合わせて選びます（➡p.51）。
毛糸も作り方ページを参照して、用意しましょう。

## 3 とじ針

毛糸用の、穴が大きくて先がとがっていない針。いろいろなシーンで使います。

## あると便利！

### マーカー

どこが編み始めだったかや、目数、段数などがわかるように、編み目につけておく印です。編んでいるうちにわからなくなることが多いので、用意しておくのがおすすめ。

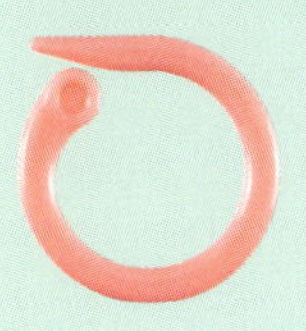

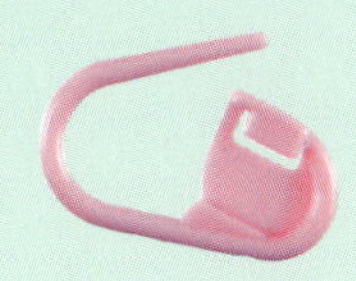

### 手芸用はさみ

毛糸を切るときに。手芸用のはさみのほうが、切りやすいです。

# かぎ針編み、きほんの編み方

最初にマスターしておきたい四つの編み方を、
詳しく解説します。
動画解説もついているので実際のかぎ針の動きも
チェックできます！

## 糸のかけ方

左手の甲側から小指と薬指の間に糸を通し、手のひら側から中指と人差し指の間に通してまた甲に戻り、人差し指にかける

人差し指をあげて、糸端側の糸を中指と親指で持つ

#  鎖編み［くさりあみ］

＼動画をcheck／

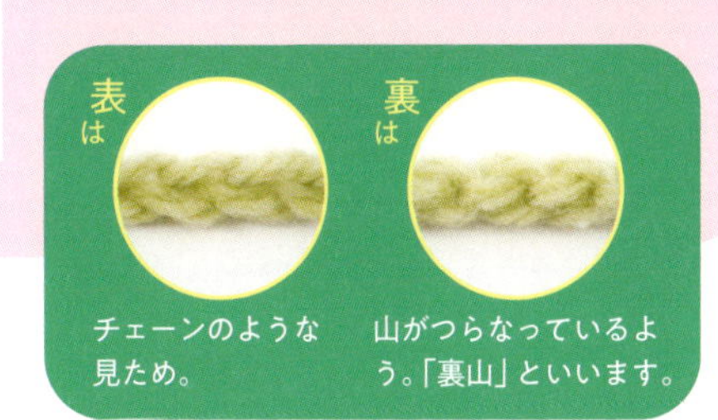


一番シンプルな編み目。
作り目やそれぞれの段の始めなどに編むことが多い。

## 1 かぎ針に糸をかける

まず、基本の糸のかけ方(p.6)で糸を人差し指にかけて、糸端から10㎝くらいのところを持って

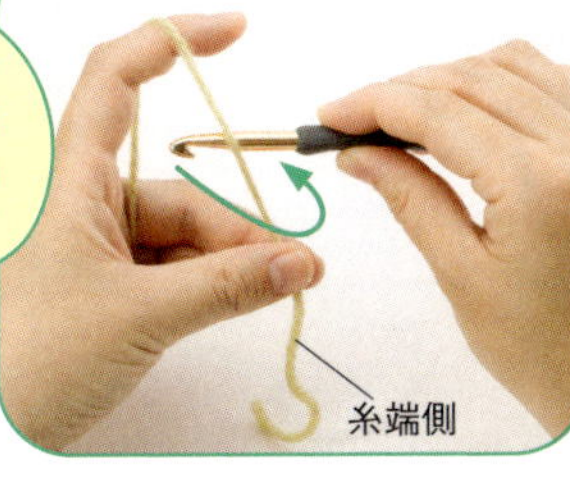


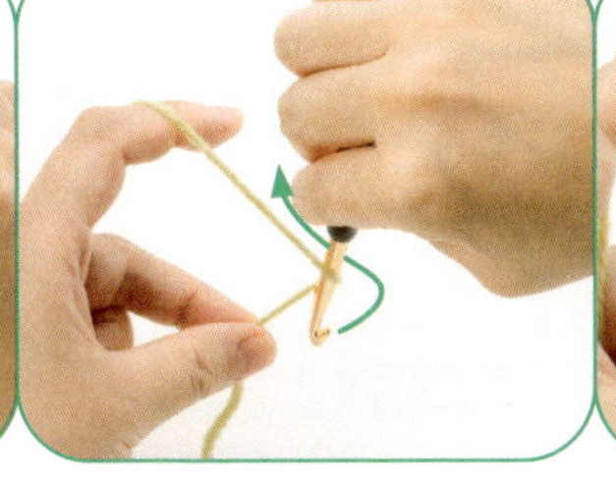

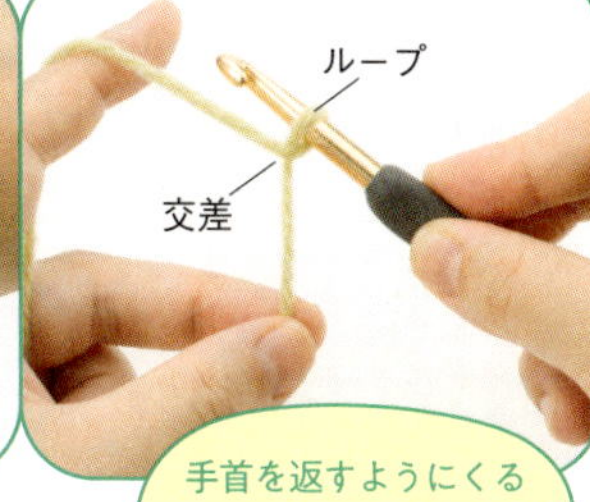


針に糸を当て、矢印のように針をくるっと回転させてループにする。

手首を返すようにくるっと。そうすると糸の根元が交差します！

## 2 ループから糸を引き抜く（スリップノット）

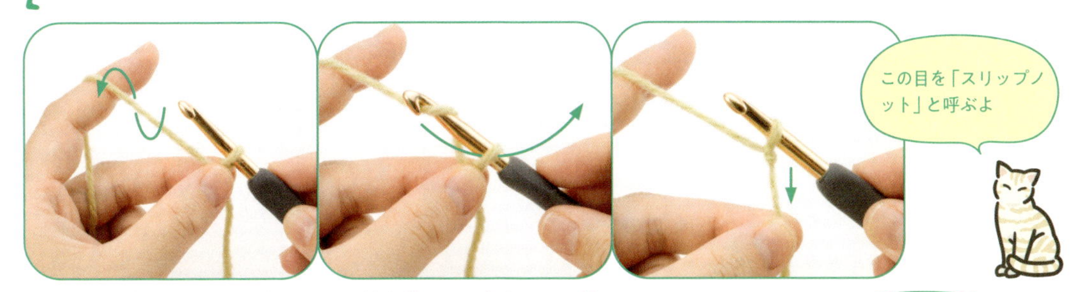


交差部分を指でつかみ、矢印のように針を動かして糸をかけ、針にかかっているループから引き抜き、糸端を下に引く。

## 3 2と同様にループから糸を引き抜いて、鎖編みを編んでいく

これで鎖編みが1目編めた！

鎖を編むときは、糸の引き具合が同じになるようにきつすぎず、ゆるすぎずで繰り返すといいよ

針にかかっている糸の根元を持ち、矢印のように針に糸をかけ、針にかかっているループから引き抜く。

**作り目の場合**

最後の目に、マーカーをつける。

# ×細編み［こまあみ］

＼動画をcheck／

まずマスターしてほしいかぎ針編みの編み方。
固くしっかりとした編み目になります。
細編みの場合、立ち上がりの鎖編みは1目に数えません。

## 1 立ち上がりの鎖1目を編む

作り目に続けて、鎖1目を編む（p.7）。

Point

×0
細編み／鎖1目

「立ち上がり」とは、これから編む編み目の高さになるように鎖編みを編むこと。細編みの場合、鎖1目です。
細編みのみ、作り目の最後の目（マーカーをつけた目）に針を入れます。他の編み方（中長編み、長編みなど）は最後の目の一つ手前の目に入れます。

## 2 作り目の最後の目に針を入れる

鎖編みを半回転させ、（マーカーがついている）裏山に、マーカーを外して針を入れる。

## 3 一つめのループから引き抜く

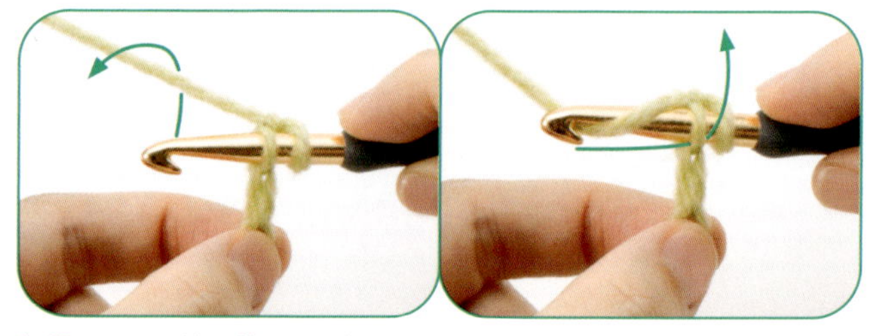

矢印のように針を動かして糸をかけ、一つめのループから引き抜く。

## 4 次は二つのループから引き抜く

これで細編みが1目編めた！　同様に隣の裏山に針を入れて編んでいこう

3と同様に糸をかけ、今度は針にかかっているすべてのループから引き抜く。

2段めから、2ではここに針を入れる

## T 中長編み［ちゅうながあみ］

＼動画をcheck／

細編みの2倍の高さになる編み目。
細編みの2倍だから立ち上がりの鎖も2目になります。
そしてこの立ち上がりの鎖編みは1目に数えます。

### 1 立ち上がりの鎖2目を編む

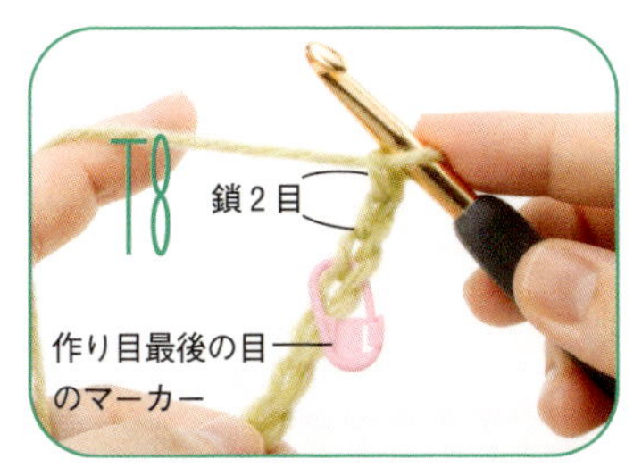


作り目に続けて、鎖2目を編む（p.7）。

### 2 作り目の最後の目の一つ手前の目に針を入れる

鎖編みを半回転させ、矢印のように針を動かして糸をかけてから、マーカーがついた目の一つ手前の裏山に針を入れる。

2段めから、2ではここに針を入れる

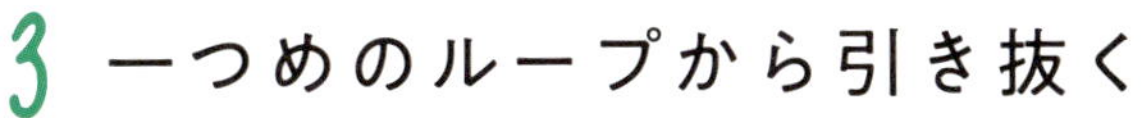

### 3 一つめのループから引き抜く

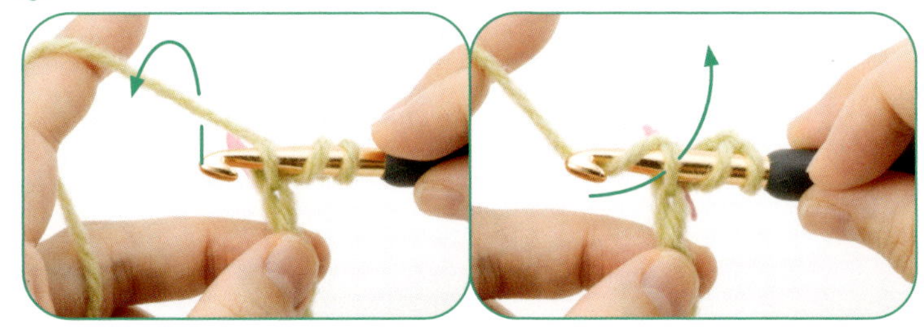

矢印のように針を動かして糸をかけ、一つめのループから引き抜く。

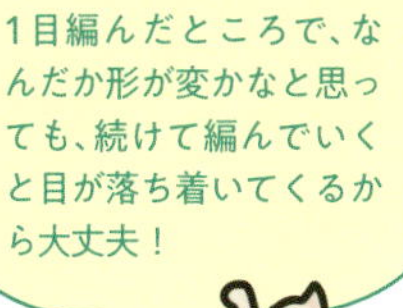


### 4 次は三つのループから引き抜く

3と同様に糸をかけ、今度は針にかかっているすべてのループから引き抜く。

# 長編み［ながあみ］

\動画をcheck/

細編みの3倍の高さのある編み目。
細編みの3倍だから立ち上がりの鎖も3目になります。
そしてこの立ち上がりの鎖編みは1目に数えます。

## 1 立ち上がりの鎖3目を編む

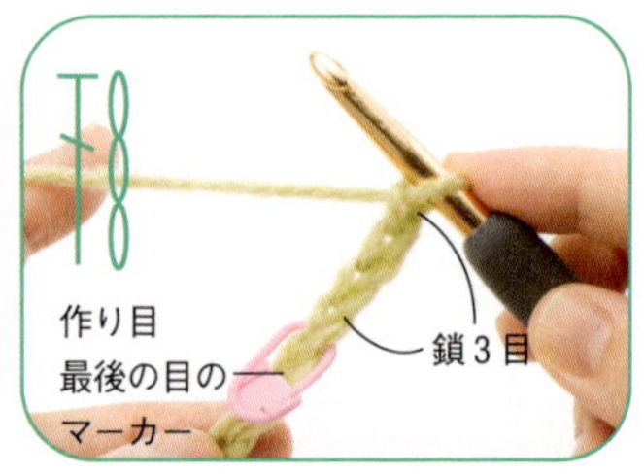


作り目に続けて、鎖3目を編む(p.7)。

## 2 作り目の最後の目の一つ手前の目に針を入れる

鎖編みを半回転させ、矢印のように針を動かして糸をかけてから、マーカーがついた目の一つ手前の裏山に針を入れる。

## 3 一つめのループから引き抜く

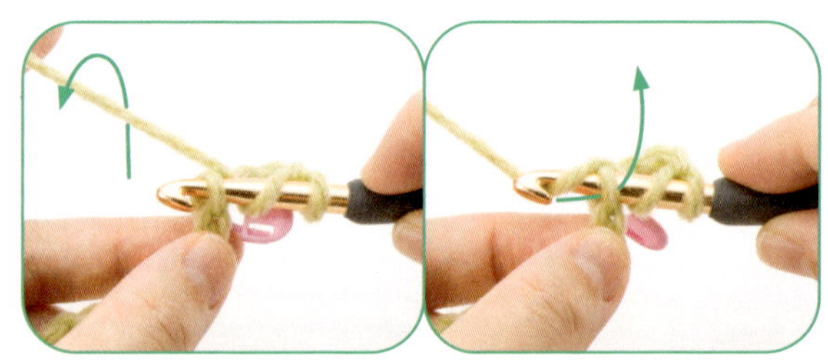

矢印のように針を動かして糸をかけ、一つめのループから引き抜く。

## 4 次は二つのループから引き抜く

3と同様に糸をかけ、今度は二つのループから引き抜く。

## 5 最後にすべてのループから引き抜く

長編みが1目編めた！ 編んでいくと目が落ち着いてくるよ

もう一度3と同様に糸をかけ、針にかかっているすべてのループから引き抜く。

2段目から、2ではここに針を入れる

# この本の使い方

## 難易度

★1から3で難易度を表現しているよ。

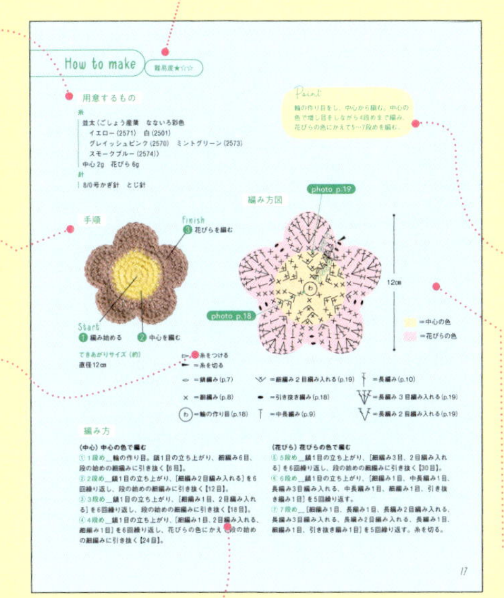


## 用意するもの

材料や道具をチェックして準備しよう！

## 手順

写真の上に順番が書いてあるので、編み方図を見比べながらどこまで編めているかチェックしよう！

## 記号の説明

編み方図内の記号がどんな編み方か書いてあるよ。(　　)内のページは、その編み方の詳しい編み方が書いてあるページ。編み方がわからない場合は、そちらをチェック！

## 編み方のテキスト

編み方図に対応した、文字での編み方。編み方図と編み方テキストの①②などの数字が対応しているから、見比べながら読むと編み図がわかりやすくなる！

ポイントで写真解説がついているから、編み目記号だけで編み方がわからないところはここをチェック。

## Point

全体的な編み方はここでイメージしよう！

## 編み方図

記号を見ながら編み方図の通りに編み進めます。編み方図が読めない場合は、文章で説明している「編み方」を読みながら、図を見ていこう！

(編み方図の読み方　►p.52)

きほんの編み方はp.7～を見てね

＼動画をcheck／

QRコードがついているページは、動画で編み方が見られます

p.49～「かぎ針編み BOOK in BOOK」

かぎ針編みの豆知識や、もちだ先生の相談室など、よりかぎ針編みの知識がつきます！
用語解説インデックスでは、わからない言葉の意味を知れたり、どこのページに解説が載っているかがわかります。

※PC・スマートフォン対象(一部の機種ではご利用いただけない場合があります)。
※パケット通信料を含む通信費用はお客様のご負担になります。
※第三者やSNS等での公開・配布は固くお断りいたします。
※システム等のやむを得ない事情により予告なく公開を終了する場合があります。
※2025年1月時点の情報です。

# まずは１つ
# 編んでみよう

「いきなり作品を編めるか不安…」という
かぎ針初心者さんでも大丈夫。
まずは簡単に作れるかわいいアイテムを
完成させて、自信をつけましょう。

まずは、かぎ針に慣れよう！

ヘアアクセサリーにしても、バッグや洋服やぬいぐるみにつけてもかわいい、スレッドコードという編み方のリボンです。好きな色で、好きなだけ編んでみて。

How to make ►p.14

# How to make

難易度★☆☆

## 用意するもの

**糸**

並太〈ごしょう産業　なないろ彩色
ミントグリーン(2573)　グレイッシュピンク(2570)
白(2501)　スモークブルー(2574)
チャコール(2575)　ライトグレー(2522)〉
(小) 40cm 2g　(大) 60cm 3g

**針**

8/0号かぎ針　とじ針

Point

スレッドコードを編んで端を始末し、リボンの形に結ぶ。スレッドコードは、作りたい長さの3.5倍の毛糸を引き出したところから編み始める。

## 手順

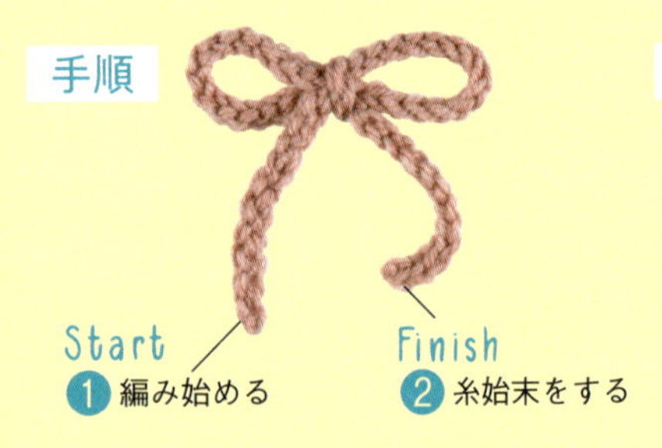


## 編み方図

スレッドコード

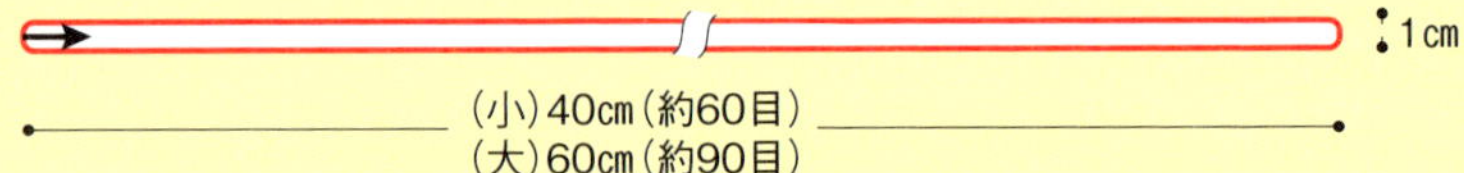


**できあがりサイズ(約)**

幅7～8cm(小)　幅9～10cm(大)

## [スレッドコード]の編み方

糸端から140cm(小)、または210cm(大)を測り、その位置から編み始める。

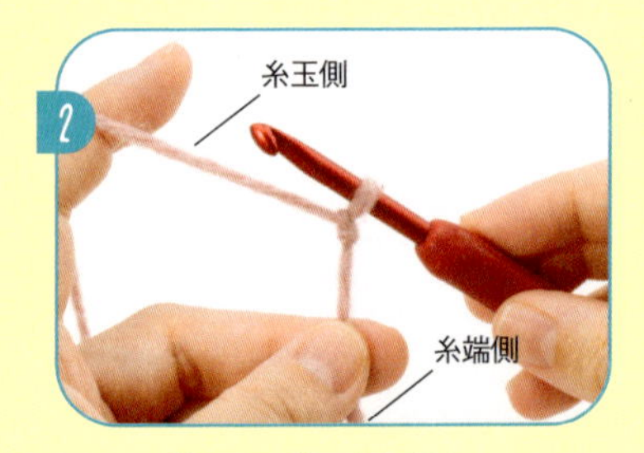


スリップノット(p.7)を編む。

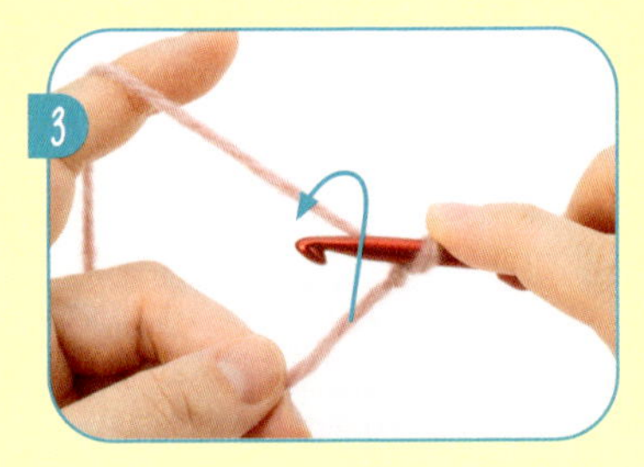


糸端側の糸を手前から針にかける。

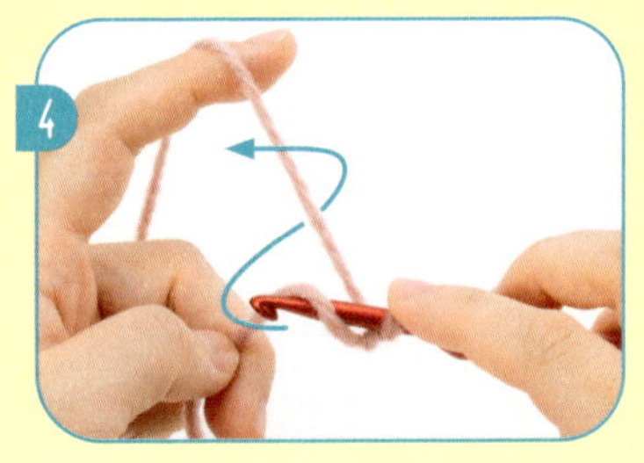


3でかけた糸を押さえながら、矢印のように針を動かして人差し指にかかっている糸に針をかける。

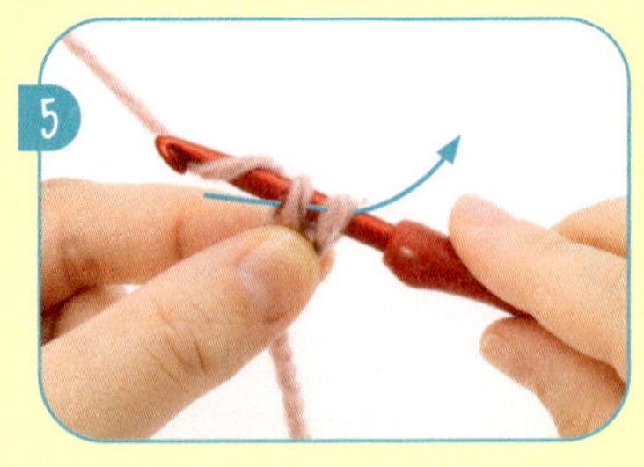


根元をしっかり持ち、2本のループから引き抜く。

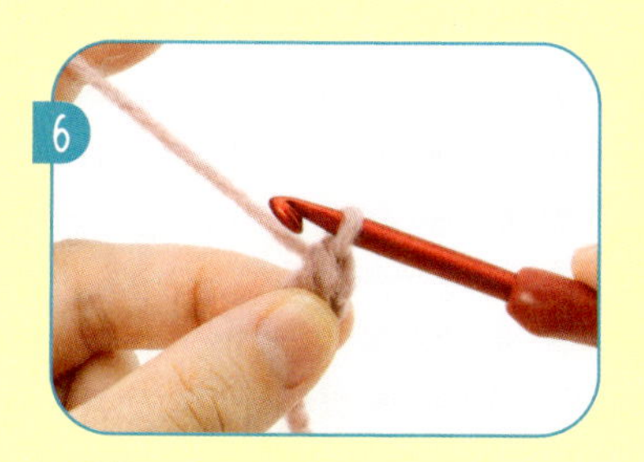


1目編めたところ。

3～6を繰り返して必要な長さまで編む。

かけた糸がたるまないように人差し指で押さえながら、ループの根元をしっかり持つと編みやすい

## スレッドコードの糸始末

鎖編みを1目編み、ループを引き出して糸を切る。その糸を引いて鎖の目を引き締め、とじ針に通す。

端からコードの中に糸を通し返す。

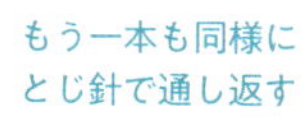

## リボンモチーフの作り方

写真のように指にコードをかけて、矢印の通りにくぐらせ、リボンモチーフにします。

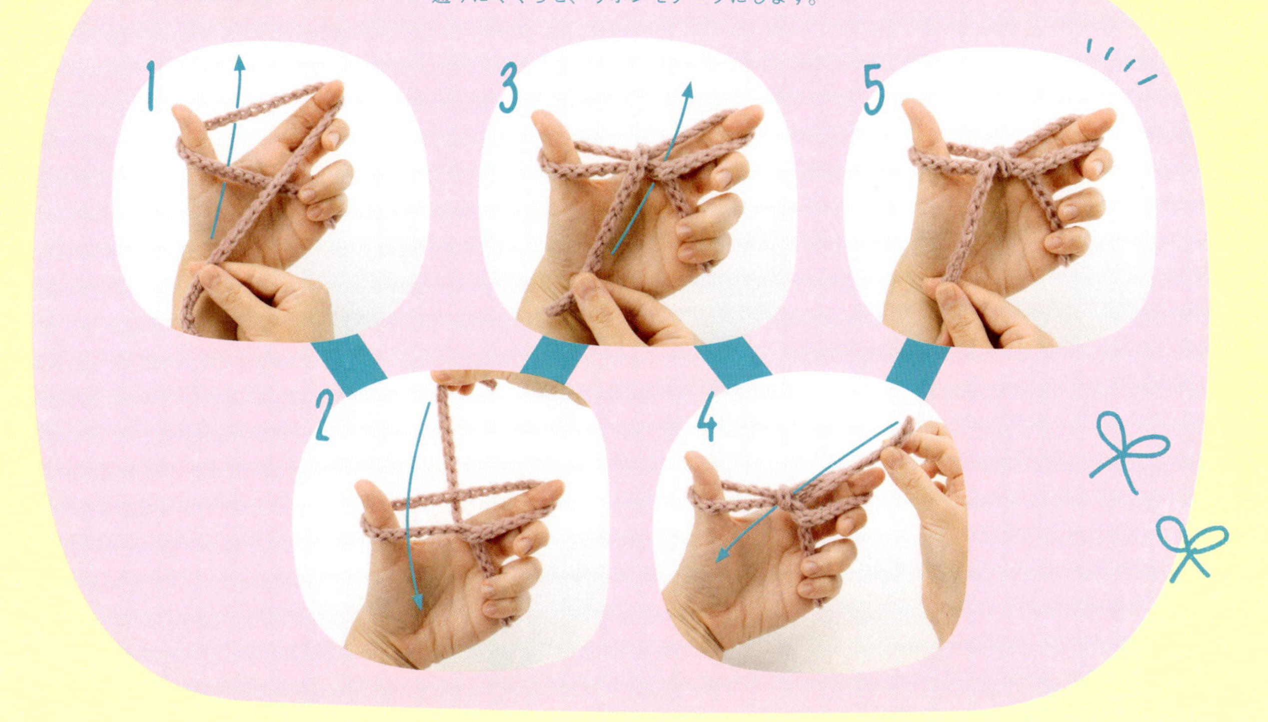

# フラワーコースター

好きな色を組み合わせて、食卓をかわいく彩りましょう。この作品を通して、いろいろな編み方をマスターできるので、初心者さんの練習にもうってつけです。

How to make ►p.17

# How to make

難易度★☆☆

## 用意するもの

**糸**

並太〈ごしょう産業　なないろ彩色
イエロー (2571)　白 (2501)
グレイッシュピンク (2570)　ミントグリーン (2573)
スモークブルー (2574)〉
中心 2g　花びら 6g

**針**

8/0号かぎ針　とじ針

**Point**

輪の作り目をし、中心から編む。中心の色で増し目をしながら4段めまで編み、花びらの色にかえて5〜7段めを編む。

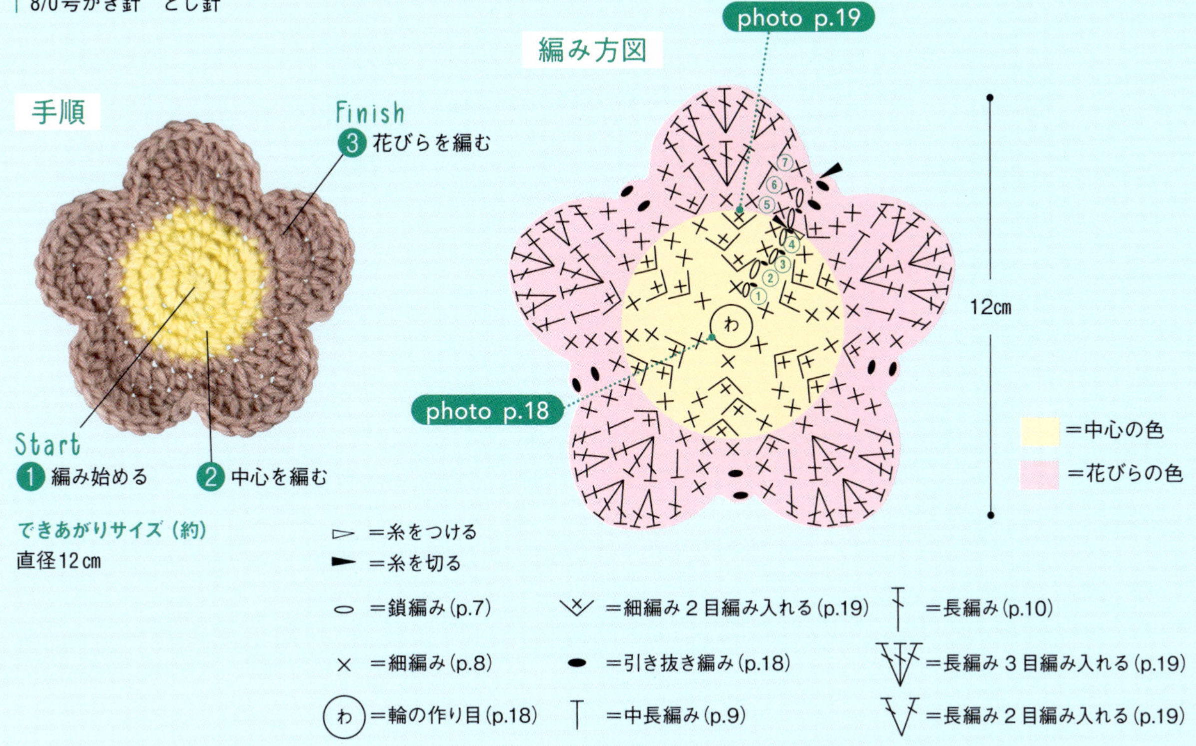


## 編み方

**〈中心〉中心の色で編む**

① 1段め＿輪の作り目。鎖1目の立ち上がり、細編み6目、段の始めの細編みに引き抜く【6目】。

② 2段め＿鎖1目の立ち上がり、[細編み2目編み入れる] を6回繰り返し、段の始めの細編みに引き抜く【12目】。

③ 3段め＿鎖1目の立ち上がり、[細編み1目、2目編み入れる] を6回繰り返し、段の始めの細編みに引き抜く【18目】。

④ 4段め＿鎖1目の立ち上がり、[細編み1目、2目編み入れる、細編み1目] を6回繰り返し、花びらの色にかえて段の始めの細編みに引き抜く【24目】。

**〈花びら〉花びらの色で編む**

⑤ 5段め＿鎖1目の立ち上がり、[細編み3目、2目編み入れる] を6回繰り返し、段の始めの細編みに引き抜く【30目】。

⑥ 6段め＿鎖1目の立ち上がり、[細編み1目、中長編み1目、長編み3目編み入れる、中長編み1目、細編み1目、引き抜き編み1目] を5回繰り返す。

⑦ 7段め＿[細編み1目、長編み1目、長編み2目編み入れる、長編み3目編み入れる、長編み2目編み入れる、長編み1目、細編み1目、引き抜き編み1目] を5回繰り返す。糸を切る。

## 輪の作り目の編み始め方

＼動画をcheck／

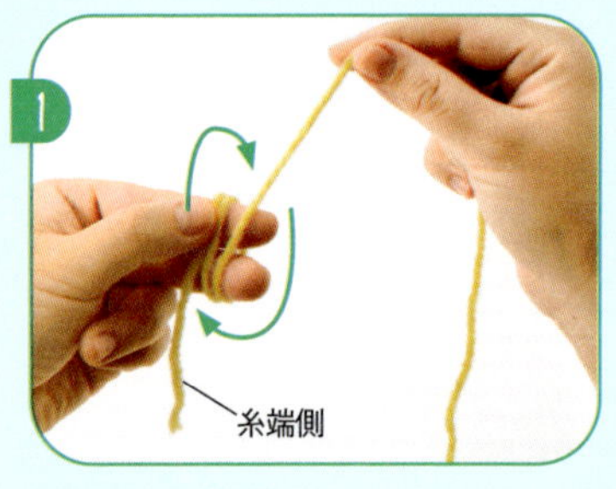


指に糸を2回巻きつけて輪を作り、指から外す。

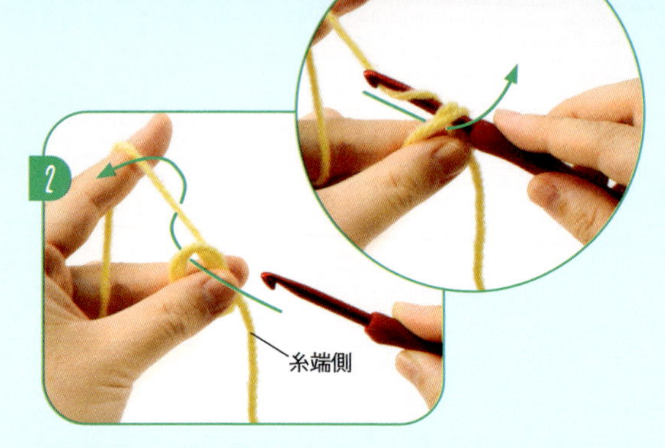


輪を写真のように持ち、矢印のように針を輪の中に入れ、糸をかける。輪から引き抜き、ループを作る。

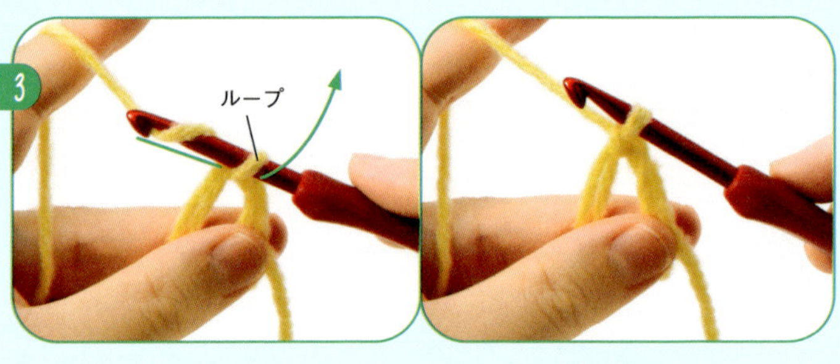


2と同様に糸をかけ、針にかかっているループから引き抜く。

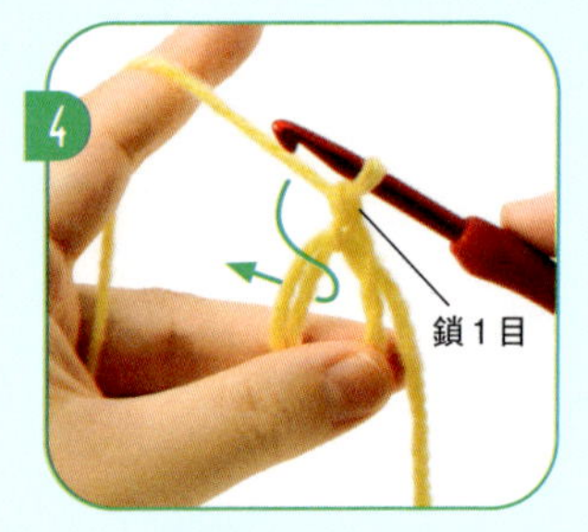


立ち上がりの鎖(p.7)を1目編んで、矢印のように輪に針を入れて細編み(p.8)を6目編む。

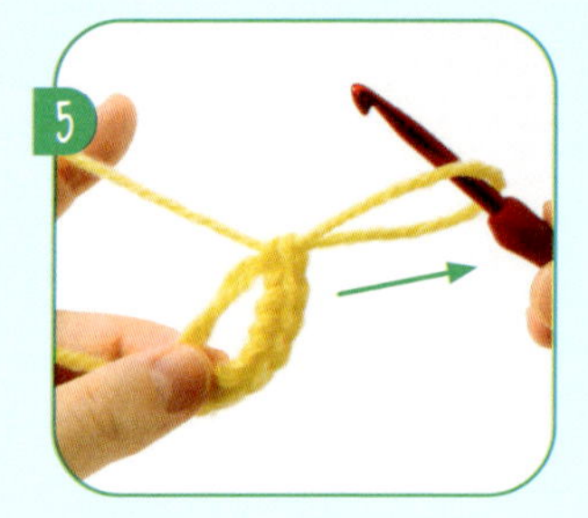


6目編めたら、針を引いてループを大きくしてから、針を外す。

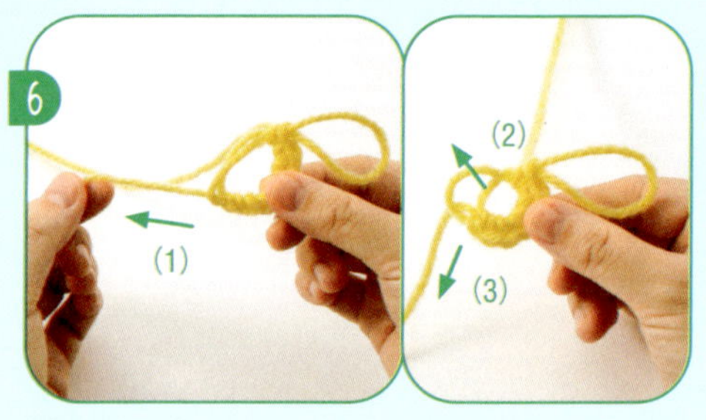


まず糸端を引いて輪を少し引き締める(1)。次に輪の小さい方の糸を引き(2)、最後にもう一度、糸端を引いて引き締める(3)。

引き抜き編み

7

ループに針を戻して引き締め、段の始めの細編みに針を入れ、糸をかけて引き抜く(引き抜き編み)。これで1段めが編めた。

最後の目にマーカーをつけておく。

## [細編み2目編み入れる] の編み方

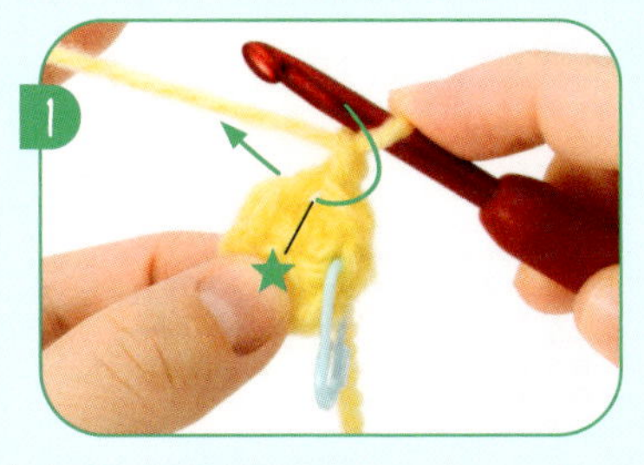

細編みを1目編む。

同じ位置に細編みをもう1目編む。

## 糸の色のかえ方

段の最後は、編み始めのマーカーを外して針を入れる。矢印のように針を動かして次の色の糸をかける。

1でかけた糸を針にかかっているループから引き抜く。

糸の色をかえたところ。次の段からこの色の糸で編む。

## [長編み3目編み入れる] の編み方

同じところに
3目長編みを
編むことだよ

矢印のように針を入れて長編み (p.10) を編む。

同じ目 (★) にあと2目長編みを編む。

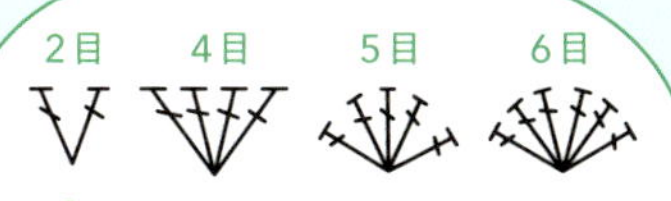


[長編みを2目、4目、5目、6目
編み入れる] 場合も、同様に1つ
の目に長編みを編み入れてね

## 編み終わりの糸始末

最後の目を10cm程度引き出して切る。

糸端をとじ針に通し、裏で編み目に通し返して糸を切る。

# 小さくてかわいい
# そばにおきたい
# あみこもの

いつも持ち歩きたくなるようなかわいいあみこもの。
小物入れはインテリアとしてお部屋にあるだけで
うれしくなりそう。推し活アイテムも編めちゃう！

# ミニミニ巾着

長編みで作る、コロンとしたフォルムがかわいいミニ巾着。作り目や段数を調整すれば、好きな大きさで作ることもできます。

How to make ►p.22

Mini mini kinchaku

## How to make

難易度★☆☆

### 用意するもの

**糸**

並太〈DAISO　アクリル毛糸　ベビーピンク
　ライトイエロー　ライラック　ホワイト
　ライトグリーン　シルバーグレー　チェリーピンク〉
A色 20g　B色 6g

**針**

7/0 号かぎ針　とじ針

### 手順

できあがりサイズ（約）　横8.5×縦10.5cm

**Point**

巾着本体は、鎖編みの作り目をして長編みを袋状に 8 段編む。9 段めは色をかえて細編みを 1 段編む。鎖編み 40 目のひもを 2 本編んで、巾着の 7 段めに通す。

### 編み方図

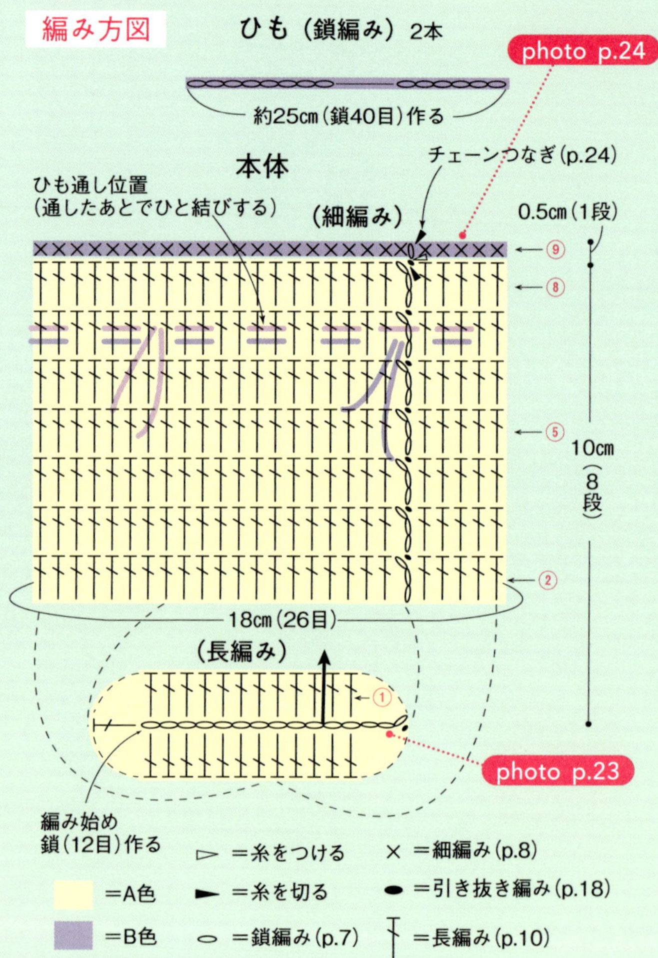


### 編み方

**〈巾着本体〉**

① 1段め＿A色で鎖12目の作り目、鎖3目の立ち上がり、鎖編みの裏山を拾って長編み12目、編み地の上下を返して1目めの鎖編みに長編み2目、長編み11目、立ち上がりの鎖編みの3目めに引き抜く。

② 2段め＿鎖3目の立ち上がり、長編み25目、立ち上がりの鎖編みの3目めに引き抜く。

3〜8段め＿2段めを繰り返す。8段めの立ち上がりの鎖編みの3目めに引き抜くときにB色にかえる。

⑨ 9段め＿鎖1目の立ち上がり、細編み26目、最後はとじ針でチェーンつなぎ。

**〈ひも〉**

鎖編み40目を2本編む。

**〈仕上げ〉**

ひもを巾着本体の7段めに通す。通し終わったひもの糸端をひと結びする。

## [鎖の作り目で輪に編む(袋状に編む)] 編み方

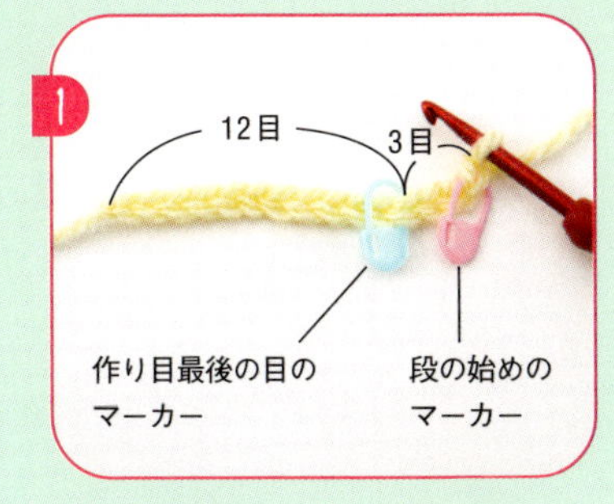


作り目の鎖編み(p.7)12目を編んでマーカーをつけ、立ち上がりの鎖編み3目を編み、マーカーをつける。

作り目の最後の目の鎖の裏山を拾って(マーカーは外す)、長編み(p.10)を編む。ただし、この作品の1目めは、マーカーの目に編む。続けて作り目の鎖の端まで12目編む。

通常の長編みはマーカー(作り目の最後の目)の次の目から編むけれど、この作品は袋状にするために、同じ作り目に2目長編みを編むから、マーカーの目に編むよ

長編みの最初の糸をかけるのを忘れずに!

編み地の上下を返して、最後に編んだ長編みと同じ作り目(★の位置)に針を入れ、長編みを編む。

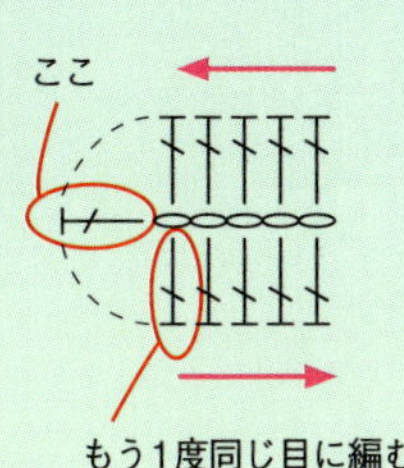


長編み1目を編んだところ(図では、作り目から左に1本出ている記号のところ)。同じ目にもう一度長編みを編み、次からは鎖目1目に対して1目ずつ長編みを編む。

段の端は反対側の最初の目と同じ、作り目の最後の目に針を入れて編む。

段の始めのマーカーを外して針を入れ、矢印のように針を動かして糸をかけ、すべてのループから引き抜く。

1段めが編めたところ。底が袋状になる。

## 糸の色のかえ方

ここから細編みを編み始めるよ。そして黄色と紫の糸端は、袋の内側で始末（p.19）してね

色をかえる段の一つ下の段の最後。編み始めのマーカーを外して針を入れる。

新しい糸に持ちかえ、針にかけ、針にかかっているすべてのループから引き抜く。

## ［チェーンつなぎ］のやり方

細編みを1周編んだら、最後の目の糸を10cmほど引き出して切る。

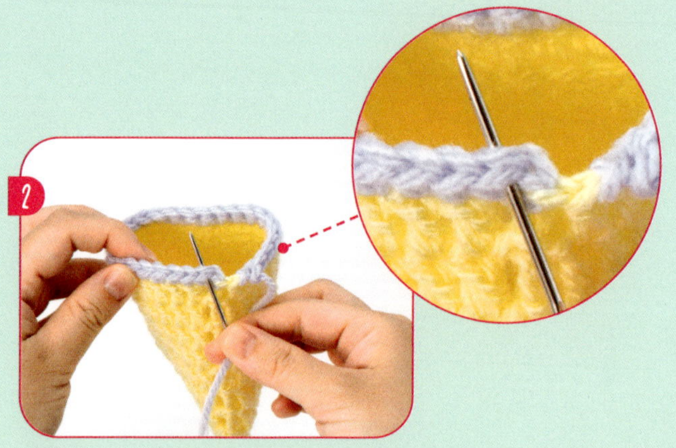


糸端をとじ針に通して、編み始めの細編みの頭の鎖に針を入れる。

チェーンつなぎは、縁の鎖がぐるりとつながるように糸を始末する方法。チェーン（鎖目）の形にきれいにがつながるよ

糸が出ている目に針を戻す。

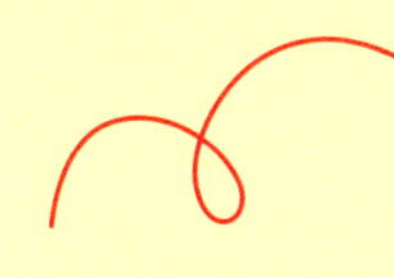

# ワイヤレスイヤホンケース

かぎ針編みといえば、なんといってもグラニースクエア。余り糸でも作れ、
たった2枚のモチーフをつなぐだけで、かわいいケースのできあがり！

How to make ▶p.26

## How to make 難易度★★☆

Point

糸は2本どりで編む。輪の作り目をしてモチーフを2枚編む。モチーフを外表に合わせて、脇と底を引き抜き編みでつなぎ、続けて入れ口の縁編みとストラップを編む。

### 用意するもの

**糸**

合太コットン糸〈ごしょう産業
NEWエンジェルコットン
青(2020) 薄黄(2019) 白(2001)〉
A色15g B色10g 単色20g

**針**

6/0号かぎ針 とじ針

### 手順

Finish
❹ 入れ口とストラップを編む

❷ モチーフを2枚編む

❸ 脇、底をつなぐ

Start
❶ 編み始める

**できあがりサイズ(約)** 横7.5×縦8cm(ストラップ除く)

photo p.27

### 編み方図

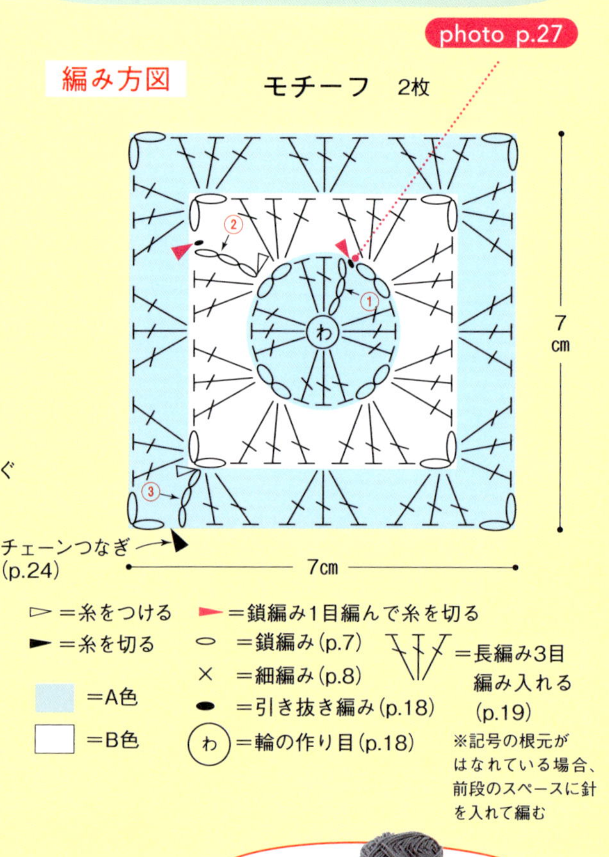


糸玉の中心と外側の糸端を合わせて2本どりにして編むよ

### 編み方

**〈モチーフ〉**※糸はすべて2本どり

① **1段め**＿A色で輪の作り目。鎖3目の立ち上がり、長編み2目、鎖2目、[長編み3目、鎖2目]を3回繰り返し、立ち上がりの鎖の3目めに引き抜く。鎖1目編んで針にかかった糸を引き、糸を切ってから引き締める。

② **2段め**＿B色を前段の鎖につけ、鎖3目の立ち上がり、前段の鎖の下のスペースに針を入れ長編み2目、[前段の鎖の下に針を入れ長編み3目、鎖2目、前段の鎖の下に針を入れ長編み3目]を3回繰り返し、前段の鎖の下に針を入れ長編み3目、鎖2目、立ち上がりの鎖の3目めに引き抜く。鎖1目編んで針にかかった糸を引き、糸を切ってから引き締める。

③ **3段め**＿A色を前段の鎖につけ、鎖3目の立ち上がり、前段の鎖の下に針を入れ長編み2目、[前段の長編みと長編みの間に長編み3目、前段の鎖の下に針を入れ長編み3目、鎖2目、長編み3目]を3回繰り返し、前段の長編みと長編みの間に長編み3目、前段の鎖の下に針を入れて長編み3目、鎖2目、最後はとじ針でチェーンつなぎ。

## 色のかえ方と糸端を編みくるんで始末する方法

1段めの最後。編み始めのマーカーの位置に針を入れ、引き抜き編み（p.18）をする。

鎖編みを1目編み、糸を引いて針を外し、糸を切る。

1段めの鎖の下のスペースに針を入れ、矢印のように2段めの色の糸をかけて引き抜き、立ち上がりの鎖を1目編む。

糸端を上に渡らせる。

立ち上がりの鎖の残り2目を編み、最後の目にマーカーをつける。

前段の糸端は、角を編むときに編みくるむ。

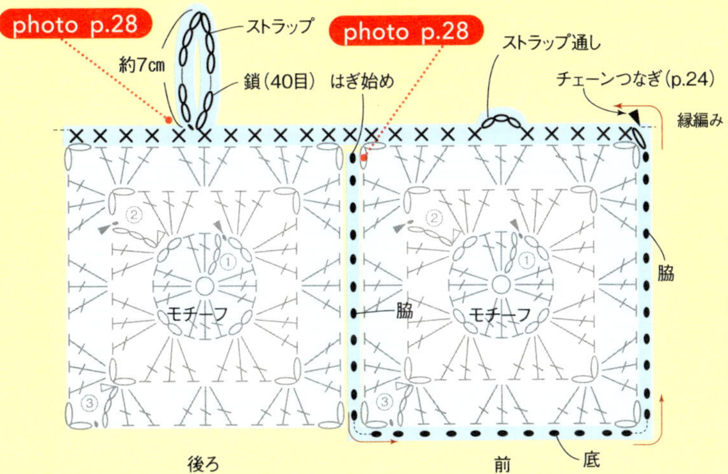


**〈仕上げ〉**糸は2本どりで、A色で編む
モチーフ2枚を外表に合わせて脇→底→脇の順に2枚一緒に拾い目してA色で引き抜きはぎでつなぐ。
**縁編み**＿続けて鎖1目の立ち上がり、細編み5目、鎖3目、前段の目を1目とばして細編み12目、鎖40目編んで根元に引き抜き編み、細編み5目、最後はとじ針でチェーンつなぎ。

## [引き抜きはぎ]のやり方

※わかりやすいよう、糸の色をかえています

1 モチーフを2枚並べて、写真のように端の鎖半目に針を入れる。

2 2枚を外表に合わせて持ち、引き抜く糸を針にかけ、引き抜く。

3 2枚のモチーフの端の鎖にそれぞれ表から針を入れ、半目ずつ拾い、2の要領で引き抜き編みをする。

### 半目とは

鎖のV字になっている2本の糸のうち、1本の糸のこと。ここでは、写真に色をつけた方の糸を拾っていきます。

4 写真左は1辺をはぎ合わせたところ。そのまま続けて、入れ口以外を引き抜き編みではぐ(写真右)。

## 入れ口の[縁編み]とストラップの編み方

5 入れ口を開き、途中でストラップ通しを編みながら、縁に細編みを編む。編み始めの目にマーカーをつけておく。

6 そのまま反対側の入れ口も細編みを編む。ストラップは鎖編みで14cm程度編んで、根元の細編みの足の間に針を入れ、糸をかけて引き抜く。

7 残りの縁編みを編んで最後の目の糸を引き出し、糸を切る。

8 2本一緒にとじ針に通し、縁編みの始めの目に通してチェーンつなぎ(p.24)をする。

9 つながったところ。内側で糸始末(p.19)をする。

Flower-decorated case

# 小さいお花の小物入れ

ポコポコとした立体的なお花が並んでいるのがかわいい♡　パッと見難しそうですが、コツがつかめたら簡単に作ることができます。

How to make ▶p.30

## How to make

難易度★★★

### 用意するもの

**糸**

並太〈ごしょう産業　なないろ彩色
白(2501)　グレイッシュピンク(2570)
イエロー(2571)　グリーン(2572)〉
A色15g　B色10g　C色5g

**針**

8/0号かぎ針　とじ針

**Point**

輪の作り目で底の中心から編む。途中お花の模様を入れながら編み、最後は縁にバック細編みを編む。

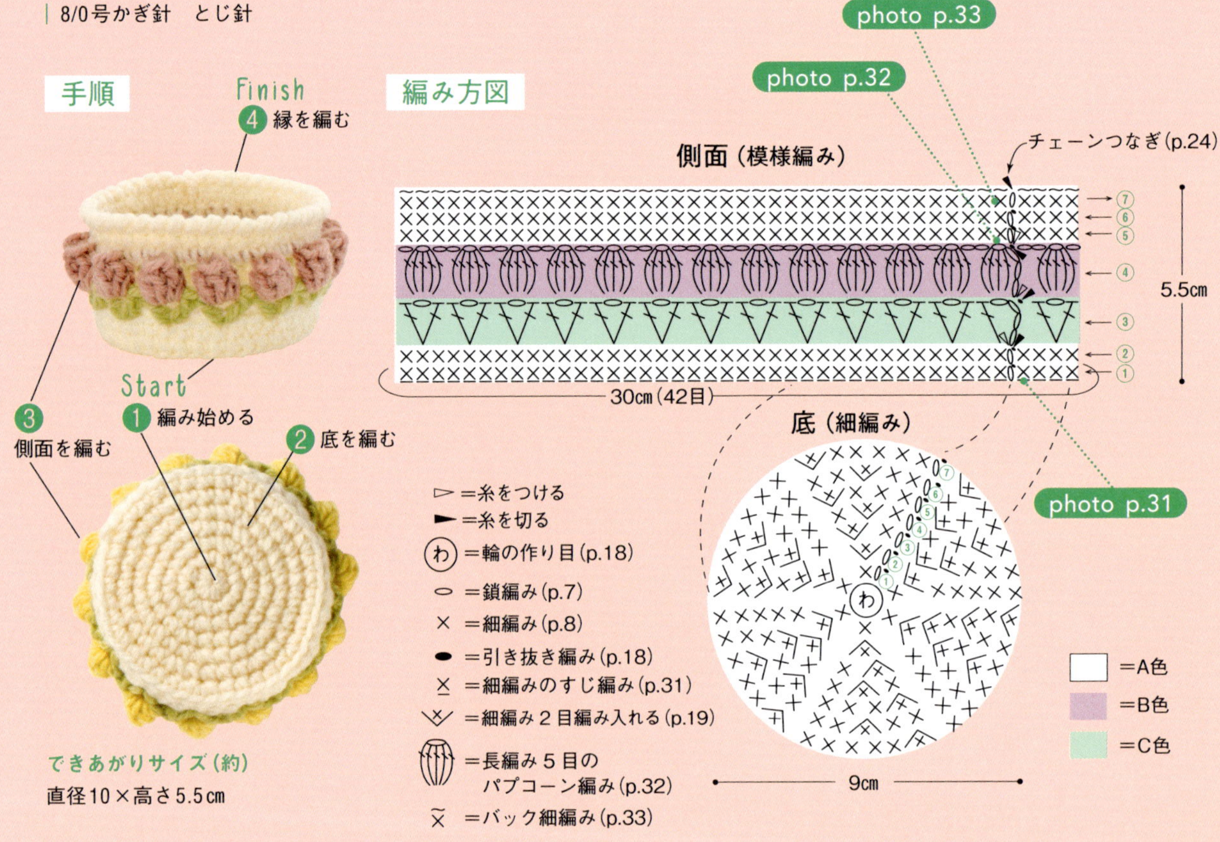


### 編み方

**〈底〉**

① 1段め＿A色で輪の作り目。鎖1目の立ち上がり、細編み6目、段の始めの細編みに引き抜く【6目】。

② 2段め＿鎖1目の立ち上がり、[細編み2目編み入れる]を6回繰り返し、段の始めの細編みに引き抜く【12目】。

③ 3段め＿鎖1目の立ち上がり、[細編み1目、2目編み入れる]を6回繰り返し、段の始めの細編みに引き抜く【18目】。

④ 4段め＿鎖1目の立ち上がり、[細編み1目、2目編み入れる、1目]を6回繰り返し、段の始めの細編みに引き抜く【24目】。

⑤ 5段め＿鎖1目の立ち上がり、[細編み3目、2目編み入れる]を6回繰り返し、段の始めの細編みに引き抜く【30目】。

⑥ 6段め＿鎖1目の立ち上がり、[細編み2目、2目編み入れる、2目]を6回繰り返し、段の始めの細編みに引き抜く【36目】。

⑦ 7段め＿鎖1目の立ち上がり、[細編み5目、2目編み入れる]を6回繰り返し、段の始めの細編みに引き抜く【42目】。

〈側面〉

① 1段め__A色で底から鎖1目の立ち上がり、細編みのすじ編みを42目、段の始めの細編みに引き抜く【42目】。
② 2段め__鎖1目の立ち上がり、細編み42目、段の始めの細編みに引き抜く。糸を切る。
③ 3段め__C色にかえ、鎖3目の立ち上がり、鎖1目、長編み1目、前段の目を2目とばして[長編み1目、鎖1目、長編み1目、前段の目を2目とばす]を13回繰り返し、立ち上がりの鎖3目めに引き抜く【14模様】。糸を切る。
④ 4段め__B色にかえ、鎖3目の立ち上がり、前段の鎖の下のスペースに針を入れ長編み4目のパプコーン編み、鎖2目、[前段の鎖の下のスペースに針を入れ長編み5目のパプコーン編み、鎖2目]を13回繰り返し、立ち上がりの鎖3目めに引き抜く【14模様】。糸を切る。
5、6段め__A色にかえ、鎖1目の立ち上がり、細編み42目、段の始めの細編みに引き抜く。
⑦ 7段め__鎖1目で立ち上がり、バック細編みを42目、最後はとじ針でチェーンつなぎ。

## [細編みのすじ編み]の編み方

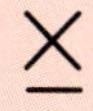

鎖を1本(半目)だけ拾って細編みを編むことだよ。こうすると、すじが入るよ

向こう半目(p.63)だけを拾って針を入れる。

矢印のように針を動かして糸をかける。

針にかかっているループ1本から引き抜く。

2と同様に針に糸をかけ、針にかかっているループ2本から引き抜く。これで細編みのすじ編みが1目編める。

最後は段の始めの細編みに引き抜いて。1周編むとこんな感じに、細編みの下側に、1本ラインができるよ

## [長編み5目のパプコーン編み]の編み方

同じ目に長編みを5目編み入れてから引き抜くと、表から見るとぽこぽこ感がかわいい、立体的な編み目になるよ

1

立ち上がりの鎖3目を編み、マーカーをつける。同じ位置に長編みを4目編む。

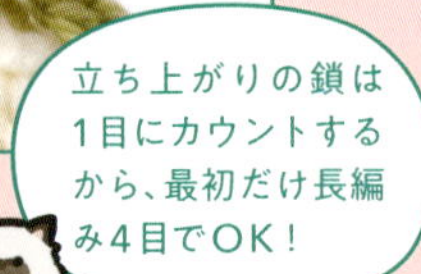

2

針にかかった糸を少し引き出して一旦針を外す。

3

マーカーを外し、その目と引き出しておいたループに針を入れ、矢印のように針先のループを引き抜く。

4

さらに針に糸をかけ、ループから引き抜く。

5

次からは、同じ場所に長編みを5目編み入れる。

6

2～4の要領で引き抜く。

## ［バック細編み］の編み方

＼動画をcheck／

※わかりやすいよう、糸の色をかえています

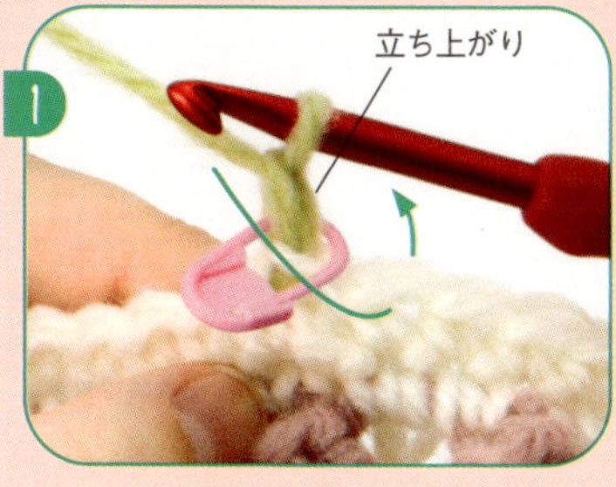


鎖1目の立ち上がりを編む。右に1目戻った位置に針を入れる。

糸の上から針先に糸をかけ、1で入れた目から手前に引き抜く。

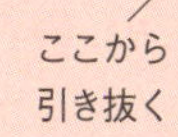

もう一度糸をかけ、2本のループを引き抜く。

バック細編みが1目編めた。また1目右の目に針を入れる。

2、3の要領で編む。

そのまま右に編んでいき、最後の目は前段の最初の細編みに針を入れて編む。

最後の目から糸を引き出して切り、とじ針に通す。

写真の位置に針を入れる。縁がつながったところ（写真右）。最後は裏で糸始末（p.19）する。

糸端は戻るように左へ通して始末するよ

open
Frilled pouch

# フリルのポーチ

上品なフリルが、ちょっぴり高級な雰囲気。持ち手やボタンは
お好みでアレンジして、あなた好みの編みポーチにしてみて。

How to make ▶p.36

## How to make

難易度★★☆

### 用意するもの

**糸**

並太コットン糸〈黒　ベージュ
　グレイッシュブルー〉40g

**針**

7/0号かぎ針　とじ針　縫い針

**その他**

飾りボタンまたは飾りリボン　スナップボタン1組
縫い糸　長さ20cmのパールストラップ（既製品）

**Point**

袋は鎖編みの作り目をし、細編みを袋状に編む。2段めで増し目をして、その目数のまま側面を10段編む。ふたは鎖編みの作り目で細編みの往復編み（p.52）で10段編み、続けて周囲に細編みを1段編む。3辺にフリルを編んで糸を切る。袋とふたをコの字とじで合わせ、ふたの表側に飾り、裏側と袋にスナップボタンを縫いつける。好みでパールストラップをつける。

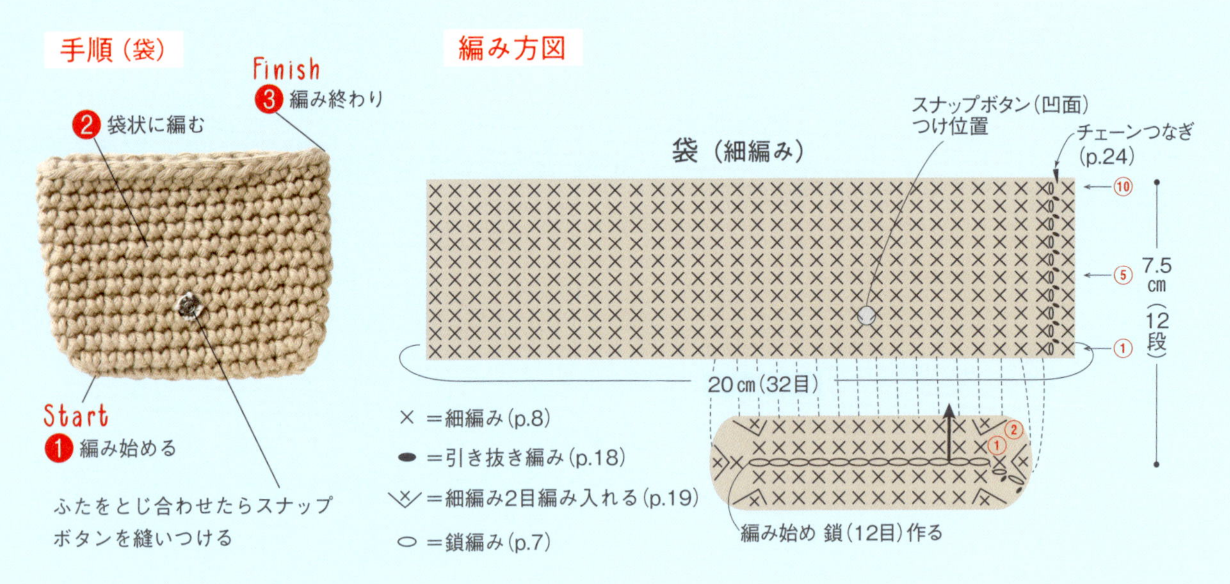


**できあがりサイズ（約）**　横10×縦8cm

### 編み方

**〈袋〉**

①**1段め**＿鎖12目の作り目、鎖1目の立ち上がり、鎖編みの裏山を拾って最初の鎖編みに細編み2目、鎖編みの裏山を拾って細編み11目、編み地の上下を返して1目めの鎖編みに細編み2目、細編み11目、段の始めの細編みに引き抜く【26目】。

②**2段め**＿鎖1目の立ち上がり、細編み2目編み入れるを2回繰り返し、細編み10目、細編み2目編み入れるを3回繰り返し、細編み10目、細編み2目編み入れるを1回、段の始めの細編みに引き抜く【32目】。

**〈袋の側面〉**

**1〜10段め**＿鎖1目の立ち上がり、細編み32目、段の始めの細編みに引き抜く。最後はとじ針でチェーンつなぎ。

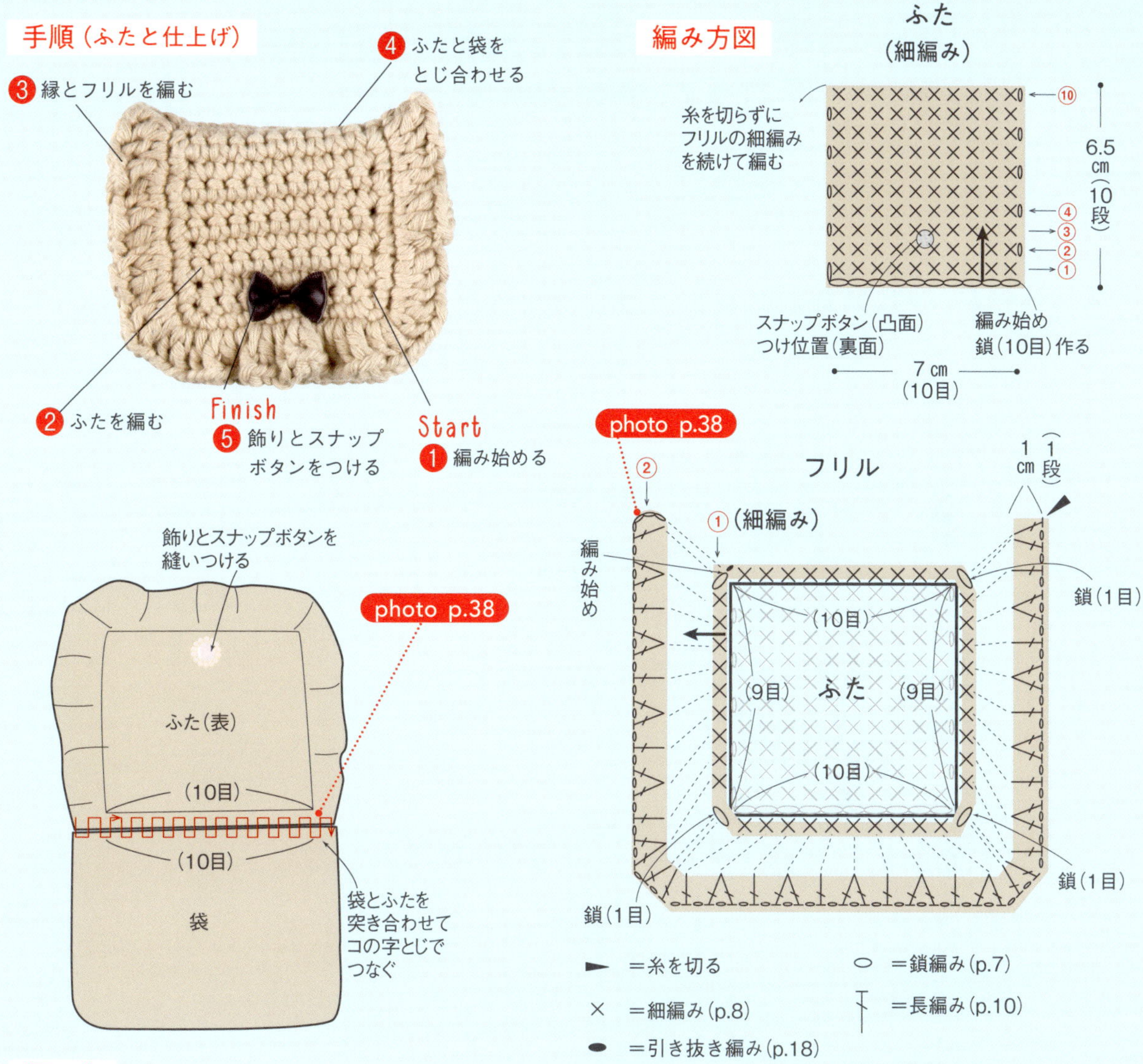


## 編み方

**〈ふた〉**

① **1段め**＿鎖10目の作り目、鎖1目の立ち上がり、鎖編みの裏山を拾って細編み10目。

② **2段め**＿編み地を返して鎖1目の立ち上がり、細編み10目。

③ **3段め**＿編み地を返して鎖1目の立ち上がり、細編み10目。

**4〜10段め**＿2、3段を繰り返す。

**〈フリル〉**

① **1段め**＿ふたの編み終わりから続けて鎖1目の立ち上がり、段と段の間に細編み9目、鎖1目、作り目の鎖編みを拾って細編み10目、鎖1目、段と段の間に細編み9目、鎖1目、細編み10目、立ち上がりの鎖に引き抜く。

② **2段め**＿鎖3目の立ち上がり、前段の立ち上がりの鎖に［鎖1目、長編み1目］を編む。［鎖1目、長編み2目編み入れる長編みの間に鎖1目、鎖1目、長編み1目］を4回繰り返す。鎖1目、長編み2目編み入れる長編みの間に鎖1目、前段の鎖に［鎖1目、長編み1目］を2回編む。［鎖1目、長編み1目、鎖1目、長編み2目編み入れる長編みの間に鎖1目］を5回繰り返す。前段の鎖に［鎖1目、長編み1目］を2回編む。［鎖1目、長編み1目、鎖1目、長編み2目編み入れる長編みの間に鎖1目］を4回繰り返す。鎖1目、長編み1目、前段の鎖に［鎖1目、長編み1目］を2回編む。糸を30㎝残して切る。

**〈仕上げ〉**

袋とふたをコの字とじでつなぐ。ふたの表側に飾り、ふたの裏側と袋にスナップボタンを縫いつける。

## フリルの編み方

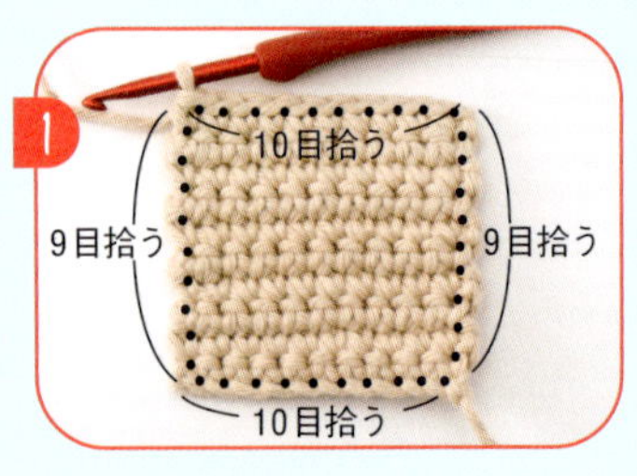


ふたの●の位置に針を入れ、周囲を1周細編みで編む。

※わかりやすいよう、糸の色をかえています

1周編んだところ。

2の細編みにフリルを図の通り編む。

※ここでは作品の色の糸になっています

編み進むと編み地がフリル状になってくる

3辺編めたところ。糸は袋とつなぐときに使うので30cm程度残して切る。

## [コの字とじ] のやり方

袋の中央から左右に5目数えて（計10目）マーカーをつける。

袋のゆがみは気にせず、自然に置いたときの中央から数えてね

2

ふたの細編み10目と袋の10目の位置をマーカーでつなぐ。

マーカーがない場合は、マチ針や安全ピンでもOK

※わかりやすいよう、糸の色をかえています

3

フリルを編み終わった糸端をとじ針に通し、端からとじる。まず袋からフリルへ端の目を拾って、針を通す。

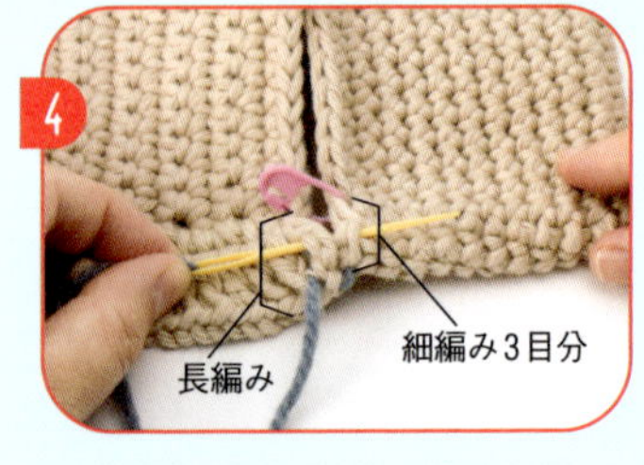


フリルの長編み部分と袋の細編み3目分がつくように往復してとじる。

マーカーとマーカーの間の部分は、ふたの細編みと袋の細編みが1対1になるようにとじる。

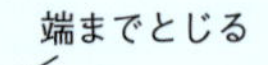

写真のようにとじていき、反対側のフリルの端までとじたら、内側で糸始末（p.19）をする。

# 編み上げ
# カードケース

韓国アイドルにも大人気なフラッグチェック柄。
編み上げリボンをつけて、トレンド感とかわい
さをプラスしたカードケースです。2色の毛糸
を色をかえながら編むのも楽しい！

How to make ▶p.40

# How to make

難易度★☆☆

## 用意するもの

**糸**

並糸〈DAISO　アクリル毛糸　ライラック　ライトイエロー　ブラック　ホワイト〉
A色 15g　B色 10g

**針**

7/0号かぎ針　とじ針　縫い針

**その他**

幅0.3cmのリボン70cm
または幅0.6cmのリボン60cm
ほつれ止め液
スナップボタン1組
縫い糸

**Point**

鎖編みの作り目をし、長編みの編み込み模様を袋状に6段編む。編み込み模様の糸は編みくるむ方法で編む。7段めはA色で細編みで縁編み。表側にA色で引き抜きステッチを縦に編みつけ、リボンを通す。袋口側の内側にスナップボタンを縫いつける。

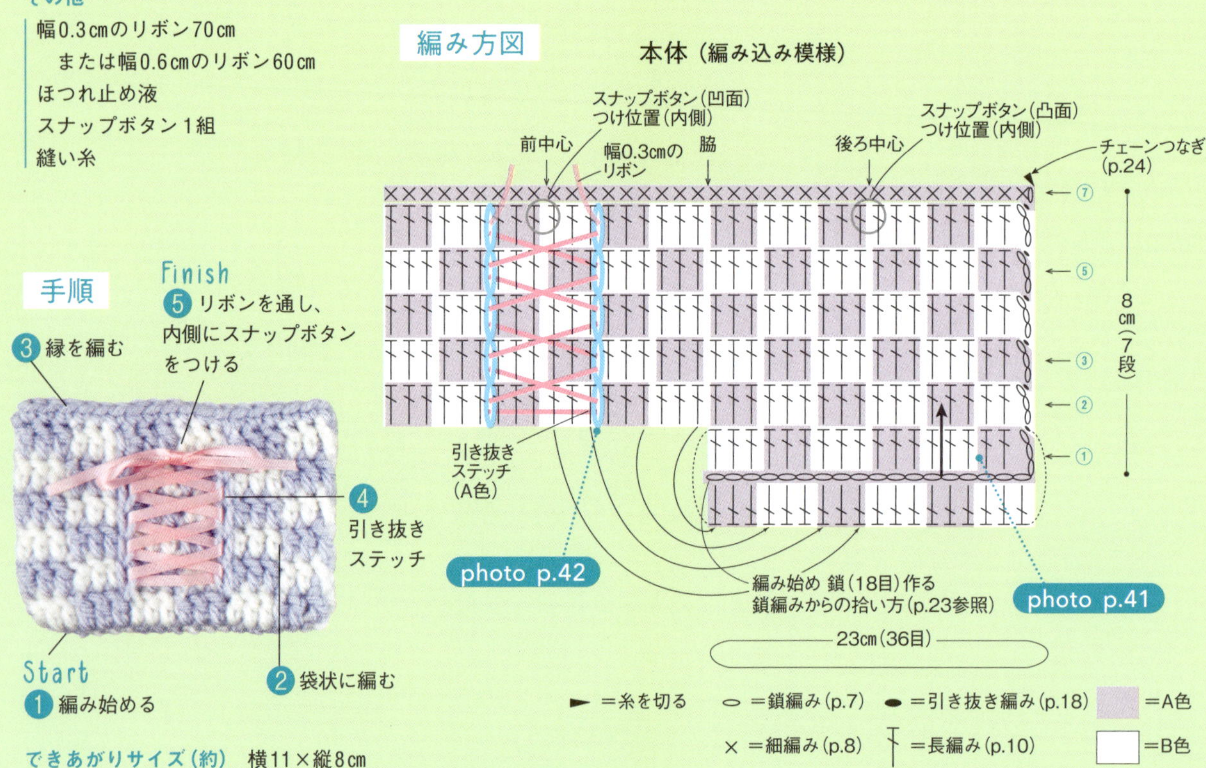


**できあがりサイズ（約）**　横11×縦8cm

## 編み方

**〈本体〉**

① **1段め**＿A色で鎖18目の作り目、鎖3目の立ち上がり、鎖編みの裏山を拾って長編み2目、[B色で長編み3目、A色で長編み3目]を2回、B色で長編み3目、編み地の上下を返して作り目の鎖を拾って[A色で長編み3目、B色で長編み3目]を3回繰り返し、立ち上がりの鎖編み3目めに引き抜く【36目】。

② **2段め**＿B色で鎖3目の立ち上がり、長編み2目、[A色で長編み3目、B色で長編み3目]を5回、A色で長編み3目、立ち上がりの鎖編み3目めに引き抜く。

③ **3段め**＿A色で鎖3目の立ち上がり、長編み2目、[B色で長編み3目、A色で長編み3目]を5回、B色で長編み3目、立ち上がりの鎖編み3目めに引き抜く。

**4・6段め**＿2段めと同じ

⑤ **5段め**＿3段めと同じ

⑦ **7段め**＿A色で鎖1目の立ち上がり、細編み36目、最後はとじ針でチェーンつなぎ。

**〈仕上げ〉**

本体の脇から6目と7目の間、12目と13目の間に1段に1目の引き抜き編みをA色で編む（引き抜きステッチ）。
リボンを引き抜きステッチに通して編み上げる（幅0.6㎝のリボンの場合はp.39を参照して通す）。上部でリボン結びをしたらバランスよく切り、ほつれ止め液をぬる。
袋口側の裏にスナップボタンを縫いつける。

## [糸の色のかえ方]と[かえる前の糸が表に出ない編み方]（長編みの場合）

糸をかえる手前の長編みを途中まで編む。最後の引き抜きのときに新しい糸に持ちかえ、矢印のように針を動かして糸をかけ、新しい色の糸を2本のループから引き抜く。

これで糸の色をかえられた！

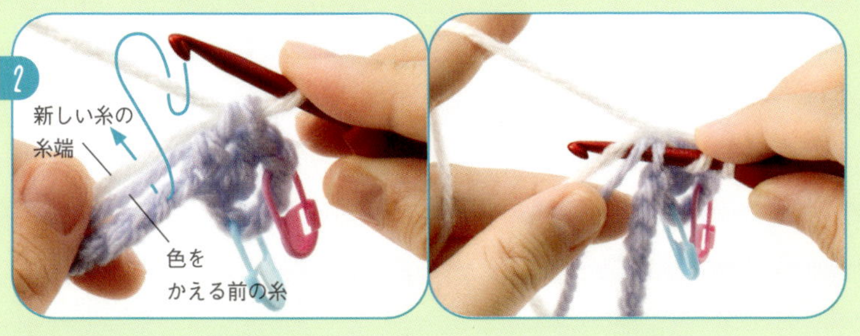


新しい糸で長編みを編む。矢印のように針に糸をかけ、目に針を入れたら、色をかえる前の糸と、新しい糸の糸端を写真のように針の上にのせる。

そのまま長編みの続きを編む。白の糸端と色をかえる前の糸が編みくるまれる。

同じ要領で、色をかえる手前の目まで編み、1、2の要領で、長編みの最後の引き抜きで糸をかえながら編み進む。

## [引き抜きステッチ]のやり方

底の方から袋口に
向けて→の方向に
編みつけるよ

●の位置（長編みの間）に引き抜き編みを編む。

※わかりやすいよう、糸の色をかえています。

**1**

袋に針を入れる。

内側でステッチ用の糸に針をかけて、外側に引いてループを作る。

次の段に針を入れ、同様に内側の糸をかけて引き出し、ループを作る。

大きな鎖目が
1つできた

★のループを☆のループから引き抜く。

**2**

同様に上端まで繰り返す。糸を引き、糸を10cm程度残して切り、とじ針に通す。針を写真のように刺して最後の目をとめ、内側で糸始末（p.19）をする。

**3**

2本めも同様に編みつけて、引き抜きステッチにリボンを通して編み上げ、リボン結びをする。両端をカットし、ほつれ止め液をぬる。

## トレカケース

推し活に大活躍なトレカケース。推しの色の毛糸で編めば、お出かけが楽しみに！お手元のトレカやチェキのサイズに合わせて目数を調整しても◎

How to make ►p.44

## How to make 難易度★☆☆

> **Point**
> 鎖編みの作り目で表面と裏面を細編みの往復編みで編む。表面は3段編んだ後、左右別に編んで、15段めからまた一緒に編み、18段めまで編む。表裏を外表に合わせて3辺を巻きかがりでとじる。ストラップを作り、つける。

### 用意するもの

**糸**

並太〈DAISO　アクリル毛糸　ホワイト　ライラック　ライトグリーン　サックスブルー　ライトイエロー　ベビーピンク〉15g

**針**

7/0号かぎ針　とじ針

**ゲージ**　10㎝平方で細編み 15.5目×17段

**その他**

硬質カードケース B8　直径3.3㎝のカラビナ1個
直径0.6㎝の丸カン1個　1.2㎝のカニカン1個
直径0.6〜0.8㎝のビーズ各種適宜　テグス適宜
チャーム

### 手順

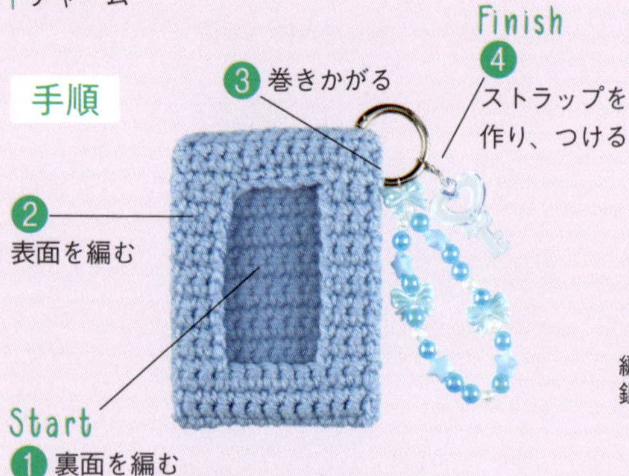


**できあがりサイズ（約）**　横8×縦11㎝

### 編み方図

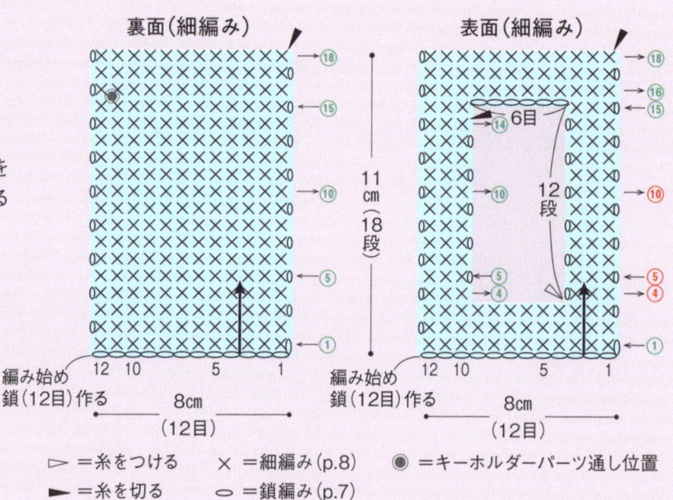


### 編み方

**〈裏面〉**

① **1段め**＿鎖12目の作り目、鎖1目の立ち上がり、細編み12目。
② **2段め**＿鎖1目の立ち上がり、細編み12目。
③ **3段め**＿鎖1目の立ち上がり、細編み12目。
**4〜18段**＿2、3段を繰り返す。糸を切る（p.55）。
※硬質カードケースに合わせて大きさを確認。サイズが違った時は、かぎ針の号数を変えて編み直す（p.51「ゲージって？」参照）。

**〈表面〉**

① **1段め**＿鎖12目の作り目、鎖1目の立ち上がり、細編み12目。
② **2段め**＿鎖1目の立ち上がり、細編み12目。
③ **3段め**＿鎖1目の立ち上がり、細編み12目。
④ **左側の4段め**＿左側の3目のみを編み進める。鎖1目の立ち上がり、細編み3目。
⑤ **左側の5段め**＿鎖1目の立ち上がり、細編み3目。
**左側の6〜14段め**＿左側の4、5段を繰り返す。糸を切る。
④ **右側の4段め**＿右側の3目のみを編み進める。下から3段めの3目めに糸をつけ、鎖1目の立ち上がり、細編み3目。
⑤ **右側の5段め**＿鎖1目の立ち上がり、細編み3目。
⑥ **右側の6段め**＿鎖1目の立ち上がり、細編み3目。
**右側の6〜14段め**＿右側の5、6段を繰り返す。
⑮ **15段め**＿右側から続けて鎖1目の立ち上がり、細編み3目、鎖6目、細編み3目。
⑯ **16段め**＿鎖1目の立ち上がり、細編み3目、前段の鎖編みの向こう半目を拾って細編み6目、細編み3目。
⑰ **17段め**＿鎖1目の立ち上がり、細編み12目。
⑱ **18段め**＿鎖1目の立ち上がり、細編み12目、糸を切る。

**〈仕上げ〉**

表面、裏面、それぞれの糸始末をし、外表に合わせて脇と底を巻きかがる。硬質カードケースを中に差し入れる。テグスにビーズを通してストラップを作り、カラビナに結びつける。チャームをカラビナにつけ、カラビナを本体につける。

## 表面の編み方

鎖編みの作り目を編み、往復編み(p.52)で3段編む。そのまま左側を編むので、4段めで3目編んだら編み地を裏返し、5段めを編む。そのまま14段まで3目で往復し、最後は糸を切る。

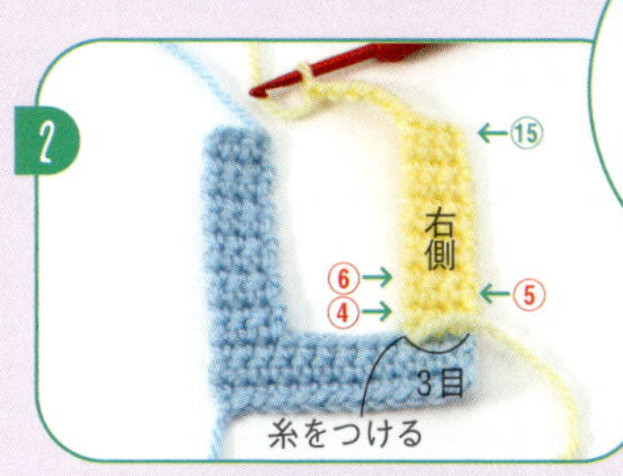


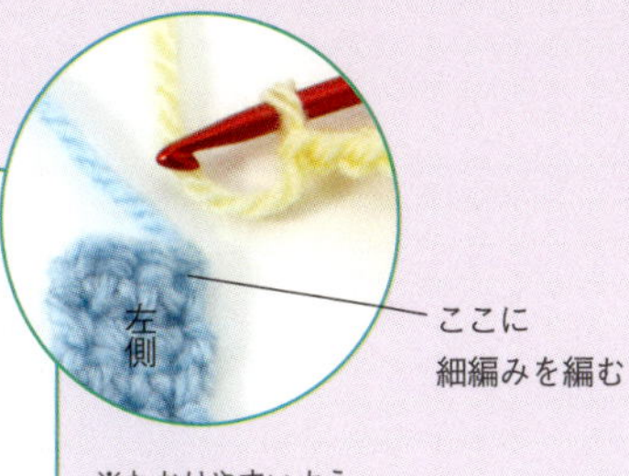


ここに細編みを編む

※わかりやすいよう、糸の色をかえています

次に右側を編む。4段めは右端から3目めに新しく糸をつけ、3目で往復しながら14段編む。15段めは細編み3目に続けて鎖を6目編み、左側の端から細編みで編みつなぐ。

16段めからは端から端まで細編みで編む。

下が鎖編みのところは鎖の向こう半目(p.63)を拾って編む

表面が編めたところ。

※わかりやすいよう、糸の色をかえています

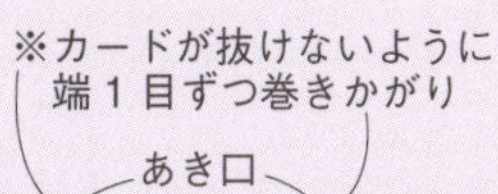

## 巻きかがりのやり方

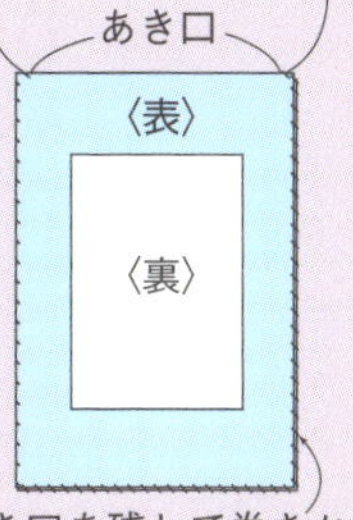

糸を30cm用意し、とじ針に通す。2枚を外表に合わせ、裏面の裏側から刺す。糸端側は10cm程度残しておく。

表面の角の1目に刺してそのまま、裏面を刺す。

そのまま脇→底→脇の順にし、等間隔で表面と裏面を巻くようにかがっていく。

糸は斜めに渡るよ。反対側の角までとじたら、かがり始めと、終わりの糸をそれぞれ裏側で始末してね(p.19)

# バッグチャーム

レースみたいなシルエットがキュート。
リボンの色を推しの色にすれば、推し活
アイテムとしても使えちゃいます。

How to make ►p.46

## How to make

難易度★★☆

### 用意するもの

**糸**

中細コットン糸〈DAISO　コットナブル　リリーホワイト〉5g

**針**

2/0号かぎ針　とじ針

**その他**

幅1cmのサテンリボン30cm（編み地に通す用）・25cm（リボン用）
手芸用接着剤　ナスカン（幅2.5cmのカンがついたもの）1個
直径0.6cmの丸カン1個　直径0.6〜0.8cmのパールビーズ
　またはクリアラウンドビーズ25個　テグス適宜

### Point

鎖編みの作り目をして長々編みと鎖編みで1段めを、模様編みで2段めを編む。作り目の反対側に糸をつけ、模様編みを編む。リボンを長々編みの間に通したら表を内側にして全体をナスカンに通して二つ折りにし、巻きかがりで輪にする。

**できあがりサイズ（約）**　横3.5×縦11.5cm

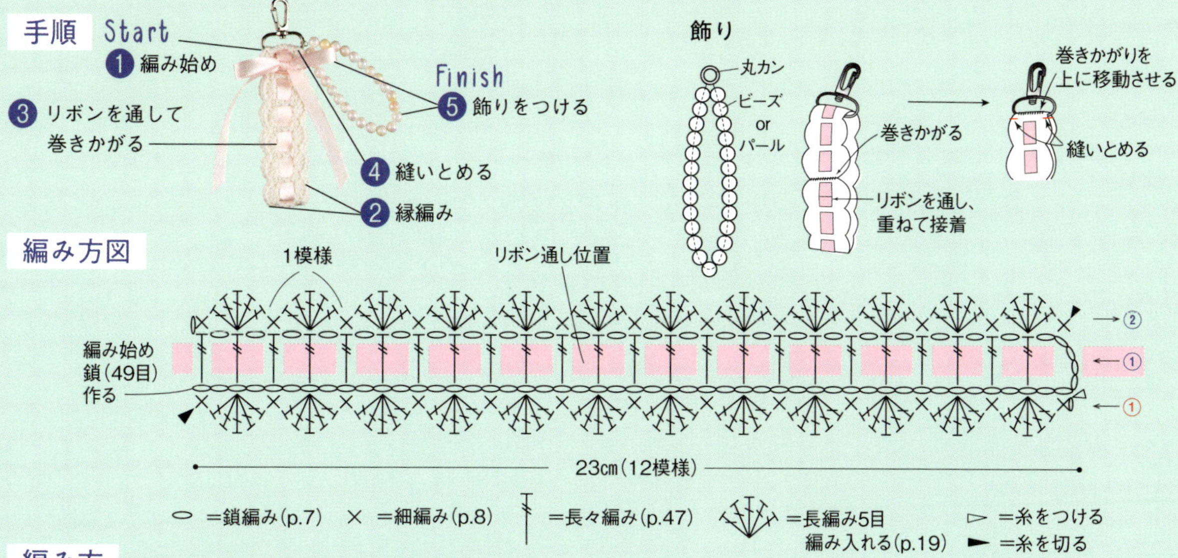


## 編み方

①**1段め**＿鎖49目の作り目、鎖4目の立ち上がり、鎖1目、作り目の端から3目めの鎖の裏山を拾って長々編み1目、[鎖1目、作り目の鎖を1目とばして長々編み1目]を23回繰り返す。

②**2段め**＿編み地を返して、鎖1目の立ち上がり、[細編み1目、鎖1目とばして長編み5目編み入れる、鎖1目とばす]を12回繰り返す。立ち上がりの鎖4目めに細編み1目を編み、糸を切る。

①**1段め**＿作り目の端に糸をつけ、鎖1目の立ち上がり、[細編み1目、作り目の鎖を1目とばして長編み5目編み入れる、鎖1目とばす]を12回繰り返す。最後の目に細編み1目、30cm程度残して糸を切る。

**〈仕上げ〉**

リボンを図の位置に通し、編み地の表を内側にしてナスカンに通す。リボンの端を1cm程度重ねて手芸用接着剤で貼り合わせ、編み地を突き合わせて残していた糸で巻きかがる。巻きかがった部分をナスカンの位置に移動し、編み地を2枚一緒に縫いとめる。リボン結びにしたリボンを貼り、テグスにビーズを通して輪にした飾りを丸カンでナスカンにつける。

## [長々編み]の編み方

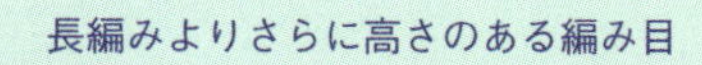

長編みよりさらに高さのある編み目

針に糸を2回巻いてから作り目の裏山に針を入れる。

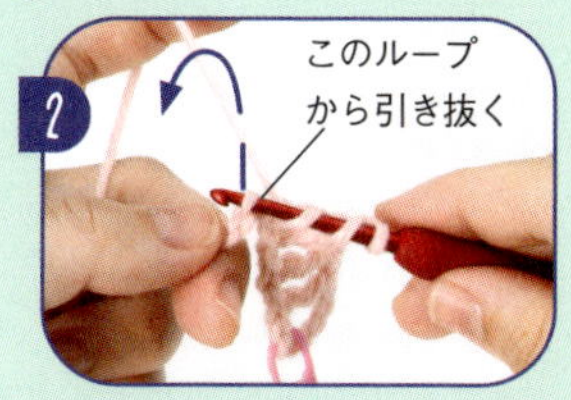


矢印のように針を動かして糸をかけ、針にかかっているループ1本から引き抜く。

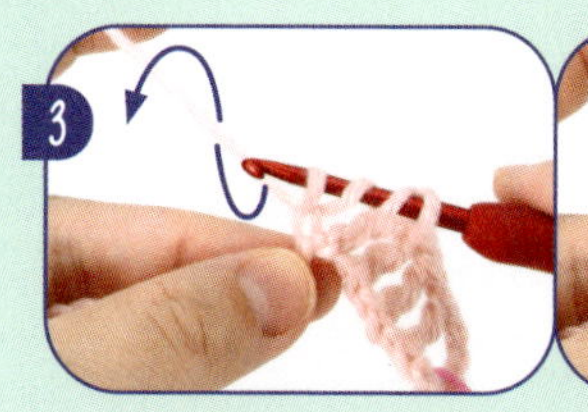


矢印のように針に糸をかけ、今度は針にかかっているループ2本から引き抜く。

もう一度矢印のように針に糸をかけ、針にかかっているループ2本から引き抜く。

もう一度針に糸をかけ、残りの2本のループから引き抜く。

長々編みができたところ。

Column

＼好きな絵柄を編み地にできる！／

# ドット編みの楽しみ方

ドット編みとは、マス目に描いたドット絵といわれる絵を、
編み目で表現する編み方です。
細編みと鎖編みが編めれば、
好きなモチーフを編むことができます！
編んだものは、裏が見えないタペストリーやクッションにしたり、
ポーチやバッグにするなら裏地をつけるとGOOD！

### どうやって編む？

ドット絵を元に編み方図を作り、糸の色をかえながら往復して編むよ。背景色は、裏で糸が渡らないように左右で糸を二つに分けて編むよ。絵柄は同じ段に複数色で編むときは、編んでいない色の糸はそのまま休ませて、またその色になったら裏で糸を渡らせて編むよ。段が変わっても裏で渡らせてOK

## ドット編みのやり方

編み込みの図案はドット絵が描けるお絵描きアプリを使って作れます。マス目に色をつけ、絵を描きます。マス目の数は自分で設定できるので、複雑なドット絵を描くこともできます。ただ、色数が多いと編み地で表現するのが難しくなるので、絵柄に使う色を5、6色までにして、背景は1色にするのがオススメです。

### 私が使っているアプリはこれ！

8bit Painter
https://onetap.jp/8bitpainter/

アプリで描いたドット絵を編み方図にします。

**編み方図**　（編み込み模様）

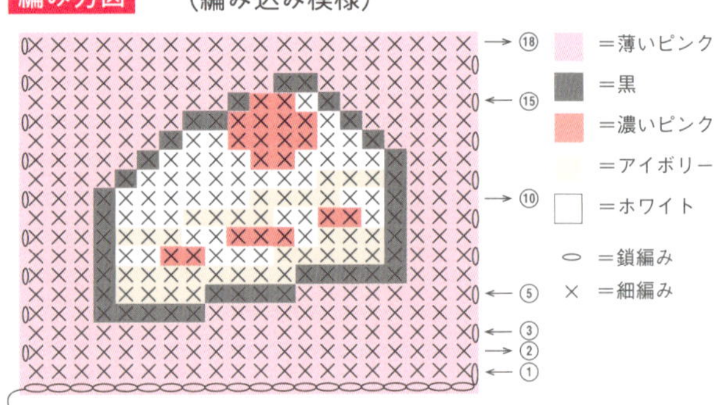


編み始め
鎖（20目）作る

### 背景色の編み方

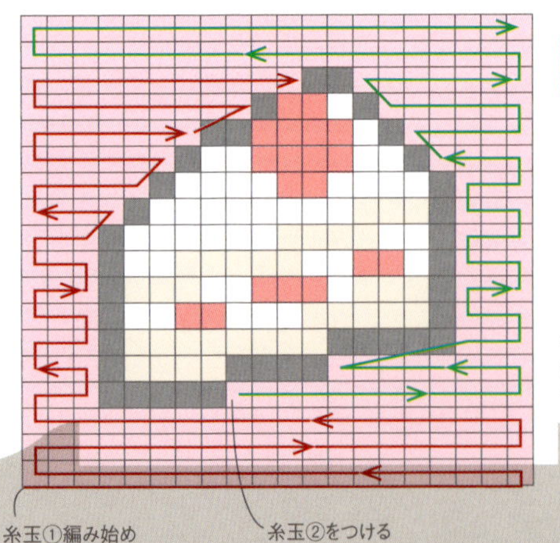

背景（薄いピンク）の糸は二つに分けておく
糸玉①
糸玉②

糸玉①編み始め
糸玉②をつける

裏はこのように糸が渡ります。

# かぎ針編み BOOK in BOOK


かぎ針について … 50

毛糸について … 51

編み方図ってどう読むの？… 52

かぎ針編み豆知識 … 54

もちだ先生のかぎ針編み相談室 … 56

Index … 62

用語集…63

# かぎ針について

## かぎ針の持ち方

ペン型とナイフ型があります。日本ではペン型が主流ですが、編みやすい方を選んでください。

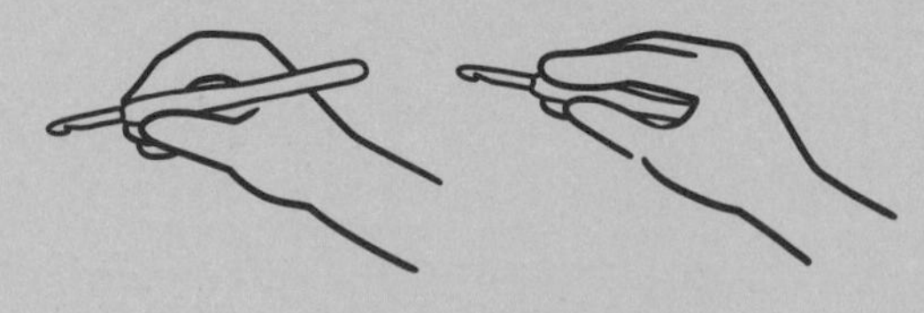

ペン型　　ナイフ型

## かぎ針の太さと目安

かぎ針は太さによって号数が変わり、数字が大きくなるごとに太くなります（レース針は逆）。編む毛糸の太さに合わせてかぎ針の号数を決めます。この本では、作品に使用した毛糸とそれに合うかぎ針の号数を記載しています。参考にしてください。また、糸ラベルにも適した針のサイズが記載されているので目安にしてください。

指定の針より太めの針を選ぶと柔らかい風合いに、細めの針を選ぶとしっかりした編み地に仕上がるよ。ゲージ（→p.51）をとってサイズ調整する場合も、かぎ針の太さを変えることがあるよ

**2/0号〜4/0号**

極細・中細などに。繊細な編み地に仕上がります。

**4/0号〜6/0号**

合太などに。薄めで、きめ細やかな編み地に仕上がります。ウェアなどにおすすめ。

**6/0号〜8/0号**

並太などに。程よい太さで編みやすいので、初心者におすすめ。小物や帽子・マフラーなどに使用。

**9/0号〜10/0号**

極太などに。太めなのでざっくりした編み目になり、編み地に厚みが出ます。編み地の風合いを活かした作品に。

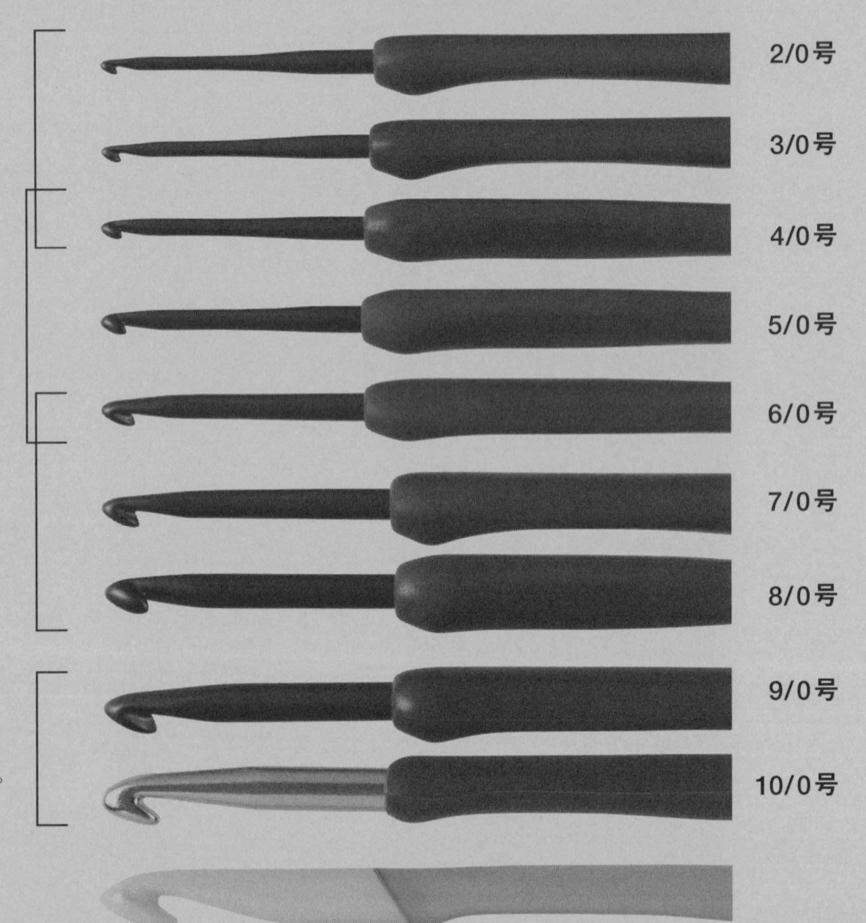


**ジャンボ**
**（7㎜、8㎜、10㎜、15㎜）**

ジャンボかぎ針は、かなり太いかぎ針で、太さを号数ではなく㎜で表します。超極太毛糸やファー毛糸などに。9/0号〜10/0号よりもさらにざっくりした編み目になり、厚みも出ます。この本では10㎜を使っています。

※上記は目安です。毛糸の素材や種類によって適したかぎ針の太さは変わりますので、毛糸のラベルを確認してください。

# 毛糸について

## 糸ラベルの見方

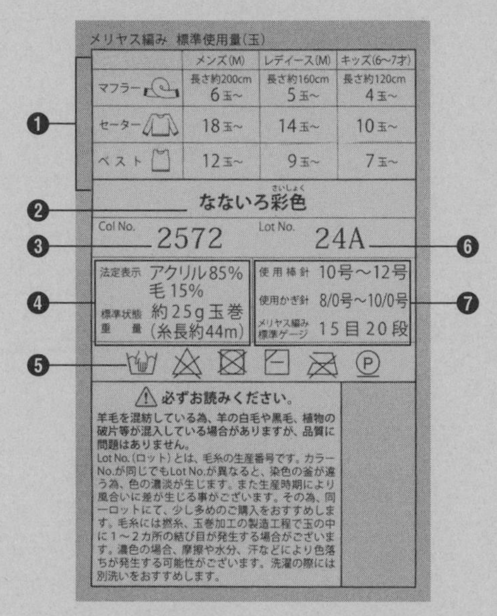


❶ 標準使用量（必要な玉数）の目安　❷ 糸の名前

❸ 色の番号　❹ 糸の材質　❺ 取り扱い方

❻ ロット番号

製造ロットがわかる番号。糸の色はそのロットごとに染まり具合が違うため、ロットが違うと色みが若干かわることがあります。同じ番号だと色みがそろいます。買い足すときは注意。

❼ 使用針の目安と標準ゲージ

ゲージに関しては下記参照。

## 毛糸の太さの表記

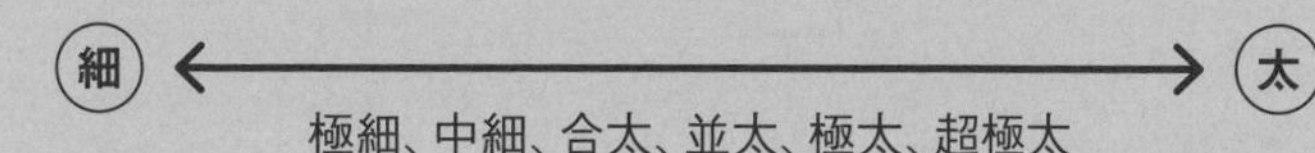


極細、中細、合太、並太、極太、超極太

## 糸の「材質」による違い

毛糸はウールのような天然素材から、アクリルなどの合成繊維のもの、複数の素材を組み合わせた混紡まで、いろいろな材質のものがあります。特徴を知って、作品に合った毛糸を選びましょう。

**ウール（毛）**：羊の毛からできている。保温性と弾力性に優れている。肌触りが良く暖かいので、冬用のウェアや防寒小物におすすめ。

**アクリル**：合成繊維。軽量で耐久性がある。発色が鮮やかなものが多い。扱いやすく手入れが簡単。小物やバッグにおすすめ。

**コットン**：綿でできている。天然繊維で吸湿性が高い。さらっとした肌触りなので春夏のウェアや小物におすすめ。

**混紡**：たとえば「ウール20%、アクリル80%」のような、複数の材質を組み合わせた糸。それぞれの素材が持つ良い特徴を活かした糸になる。

### ゲージって？

編み物は、編む人の手の加減でサイズがちがってきます。そこで、作品と同じサイズに編みたいときに参考にするのが「ゲージ」です。ゲージとは指定のサイズに編んだときに何目何段あるか表記したもので、この本では帽子やトレカケースに10㎝四方のゲージが載っています。
コースターなどの小物で、少しサイズが違っても問題ないものは、ゲージを気にしなくても大丈夫。帽子や服など、正しいサイズで編みたいものは少し大きめの15㎝四方でゲージを編んでみて、10㎝四方の目と段の数をゲージと比べてみましょう。目数や段数が違う場合は、右の方法で指定のゲージに近づくようにします。

**指定より目と段が多い → 小さく仕上がる**
➡ 少しゆるめに編むか、
指定より1，2号太い針を使う
**指定より目と段が少ない → 大きく仕上がる**
➡ 少しきつめに編むか、
指定より1，2号細い針を使う

# 編み方図ってどう読むの？

編み方図とは、作品の編み方を「編み目記号」で表した、作品の設計図のようなもの。一見難しく感じますが、しくみを理解すれば、アイテムの成り立ちが一目でわかるし、便利です。他の作品にも応用できる、代表的な3つの編み方図の読み方を紹介します。

point 1

**編み方図は表から見たところを表している**

「輪編み」はずっと表を見て編むので、見たままの記号で編みます。「往復編み」は、段がかわるごとに編み地を返して編みます。編んでいる方向を意識して記号を追いながら編みましょう。

point 2

**編み目記号を追いながら編む**

編み方図では、どこに、どんな編み方の目を編むかが示されています。
他にも、どこから編み始めるか、どの方向へ編み進むか、どこで編み終わるか、なども図からわかります。

point 3

**大きさを確認できる**

編み方図には、それぞれのパーツのサイズも記載されています。
編んでいる途中で「これってサイズが合っているのかな？」と確かめたいときも、編み方図でサイズが確認できるので安心です。

**編み方図の読み方1**

## 「往復編み」の場合

「往復編み」は、平面を1段ごとに左右に行ったり来たりしながら編む方法。鎖編みの作り目で編み始め、←の方向に編むときは表を見て右から左に進み、→の方向に編むときは裏返して編み地の裏を見ながら編みます。

例：トレカケース（p.43）

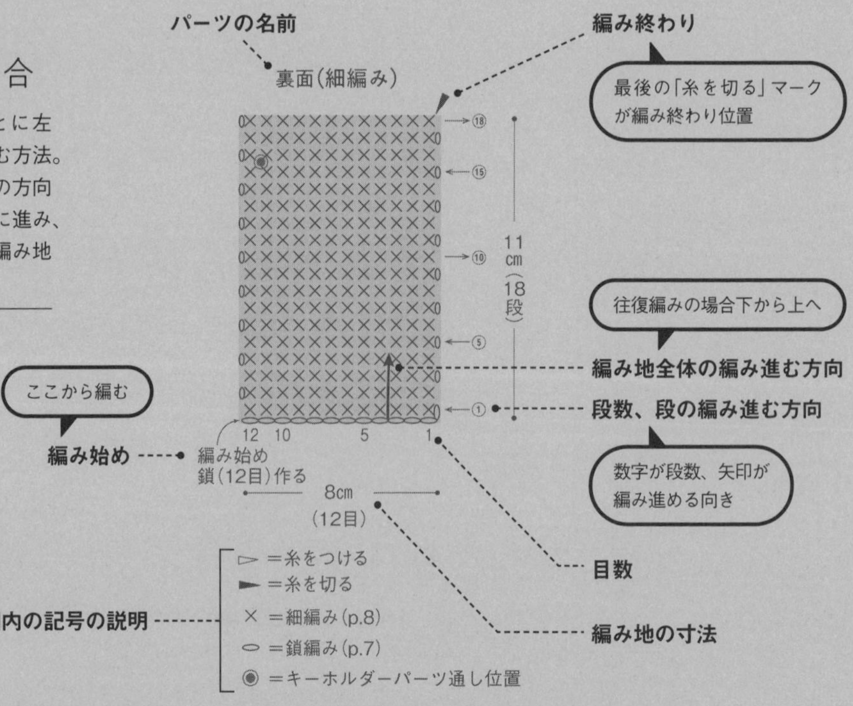

かぎ針編みは編み目の表裏は考えなくてよいので、編み方図にかかれている編み目記号の通りに編み進めればOK

パーツの名前

裏面（細編み）

編み終わり

最後の「糸を切る」マークが編み終わり位置

⑱
⑮
⑩
⑤
①

11cm（18段）

往復編みの場合下から上へ

編み地全体の編み進む方向

段数、段の編み進む方向

数字が段数、矢印が編み進める向き

ここから編む

編み始め

12 10 5 1

編み始め鎖（12目）作る

8cm（12目）

目数

編み地の寸法

編み方図内の記号の説明

▷ ＝糸をつける
▶ ＝糸を切る
× ＝細編み（p.8）
⬭ ＝鎖編み（p.7）
◉ ＝キーホルダーパーツ通し位置

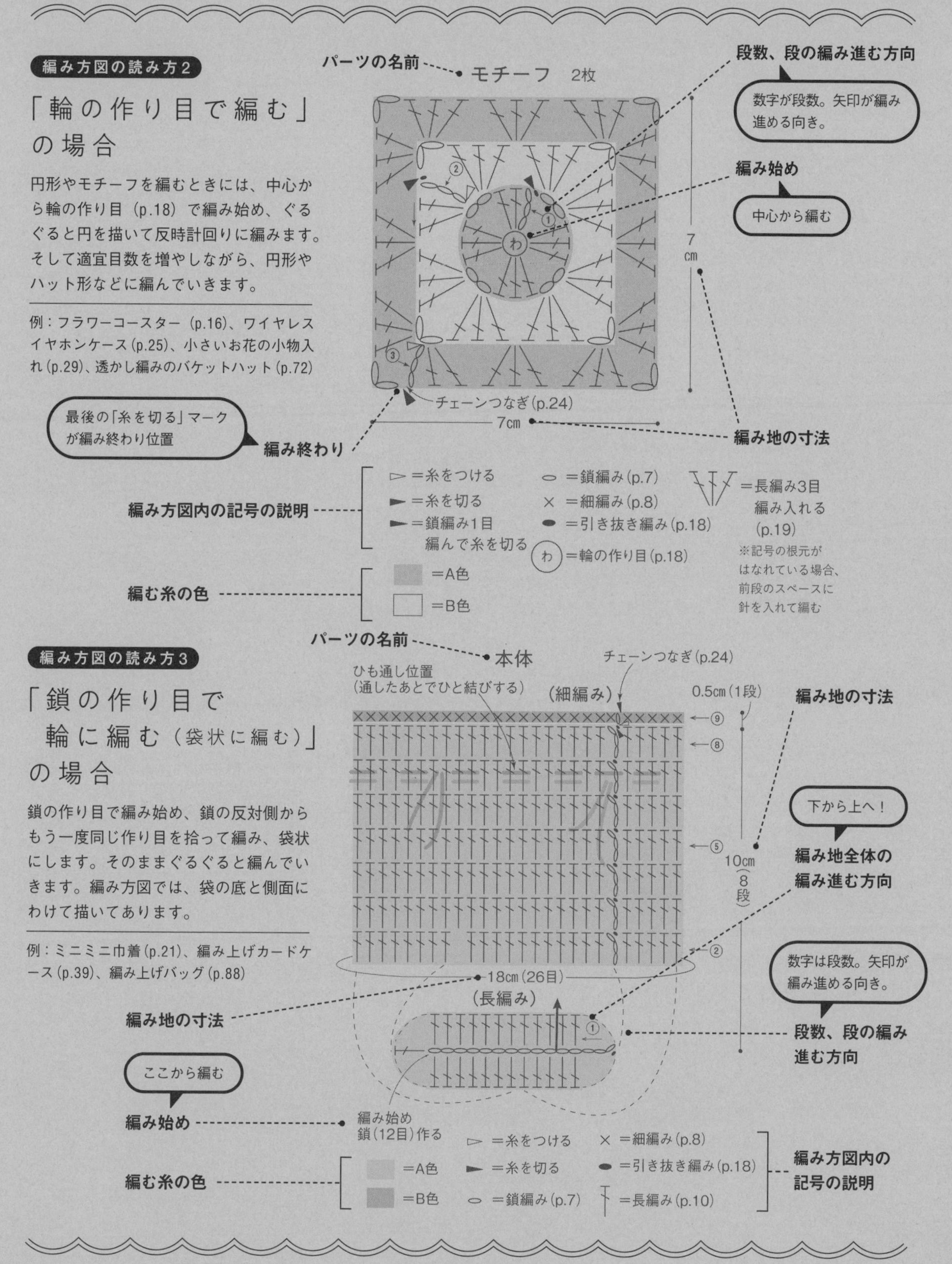

編み方図の読み方2

## 「輪の作り目で編む」の場合

円形やモチーフを編むときには、中心から輪の作り目（p.18）で編み始め、ぐるぐると円を描いて反時計回りに編みます。そして適宜目数を増やしながら、円形やハット形などに編んでいきます。

例：フラワーコースター（p.16）、ワイヤレスイヤホンケース（p.25）、小さいお花の小物入れ（p.29）、透かし編みのバケットハット（p.72）



編み方図の読み方3

## 「鎖の作り目で輪に編む（袋状に編む）」の場合

鎖の作り目で編み始め、鎖の反対側からもう一度同じ作り目を拾って編み、袋状にします。そのままぐるぐると編んでいきます。編み方図では、袋の底と側面にわけて描いてあります。

例：ミニミニ巾着（p.21）、編み上げカードケース（p.39）、編み上げバッグ（p.88）

# かぎ針編み豆知識

かぎ針編みを始めるときに、知っておくと便利な豆知識を紹介します！

## 1 「立ち上がりの鎖編みの数」と「編み目の高さ」のかんけい

立ち上がりの鎖編みは、次の段を編むときに必要な編み目の高さの分を編みます。だから立ち上がりの鎖編みの数が、右の図のように違うのです！

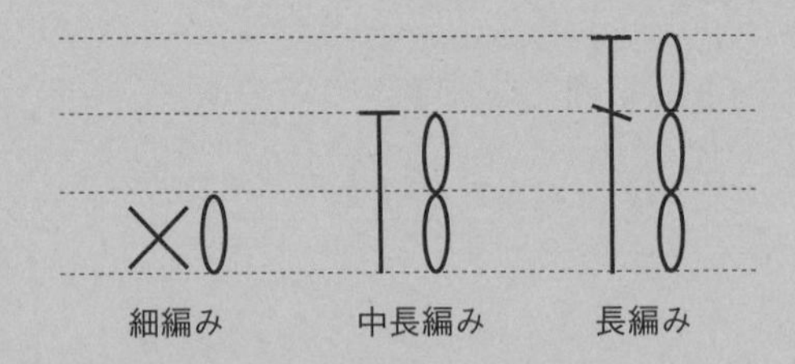


## 2 「目の数え方」のルール

段の始めに編む「立ち上がりの鎖編み」を、1目と数えるか、数えないか……。細編みとそれ以外（中長編み、長編み、長々編み）で数え方が違います。編み始めに注意しましょう。

**細編み**
立ち上がりは1目と数えません。
立ち上がりのすぐ隣の目に細編みを編みます。

**中長編み、長編み、長々編み**
立ち上がりを1目と数えます。
立ち上がりの隣は1目あけて次の目に編みます。

**作り目からの立ち上がりの編み方**

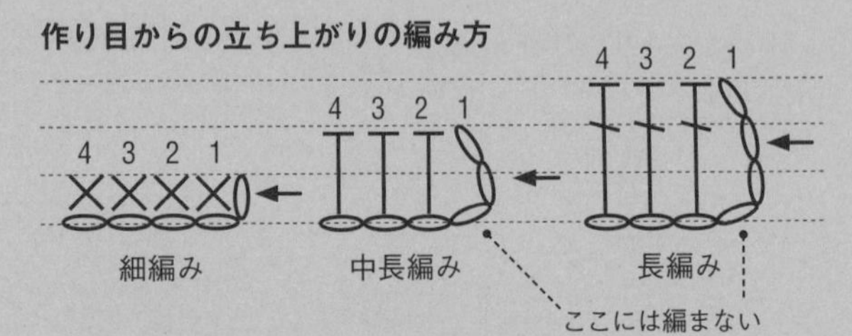


**2段め以降の立ち上がりの編み方**

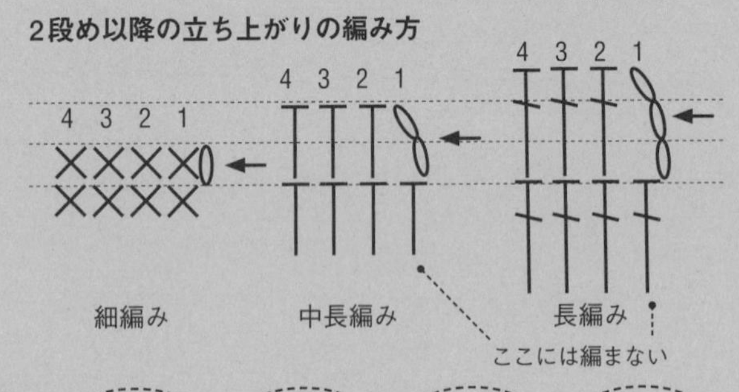


## 3 編み始めの糸は中から出す

毛糸は外からではなく、中から糸端を出して編むと糸玉が転がらなくて編みやすいです。この方法ならラベルをとらなくても編めるのもgood。

**糸の取り出し方**

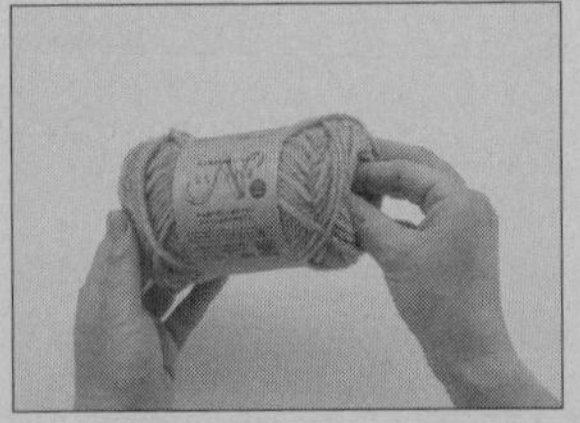

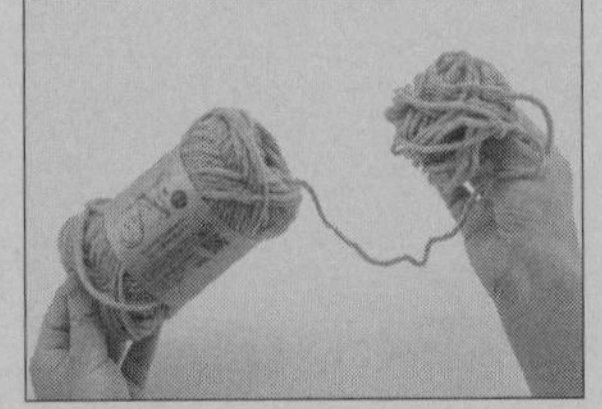

糸玉の中に指を入れ、中心の糸を引き出す。かたまりで出てしまってもOK。そこから糸端を見つけて編み始める。

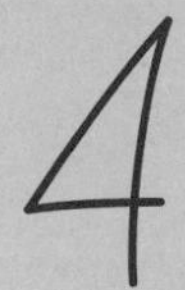

## 編んでいる途中で糸がたりなくなったらつなぐ方法

糸玉をかえる方法は2種類あって、どちらかの方法でつないでください。

滑りのよいファーヤーンなどは、①の方法だと、使っているうちに糸端が飛び出してきてしまう場合が。その場合は、②のはた結びで結んで、糸端を短く切って

### ① 目の最後を引き抜くときに新しい糸にかえる方法

これは、糸の色をかえるときと同じ方法(p.19)です。そして、少し編み進んでから裏で糸始末(p.19)をします。結び目ができず、きれいに仕上がります。

### ② 糸を結んでつなぐ方法

糸がなくなりそうなところで「はた結び」で次の糸と結びます。

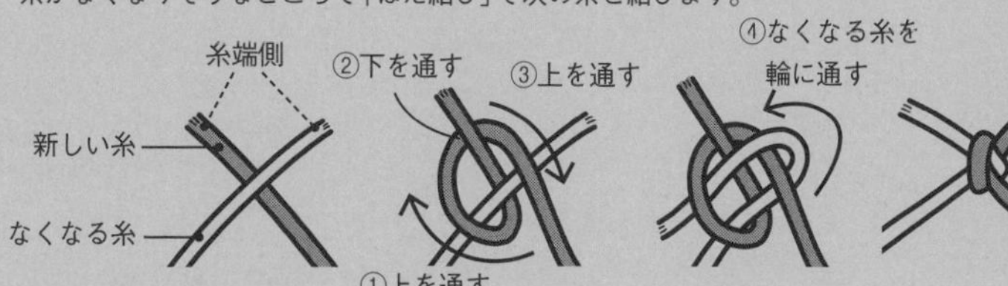

## 編み終わりの糸始末ってどうする?

この本の編み終わり方には次の3つの方法があります。
図に何も記述がない場合は、1の裏側で糸を通す方法で始末します。

### 1 編み地の裏側で糸端を通す ➡(p.19)

一番よくする糸始末の方法。編み終わりに、針にかかっているループを引き出して糸端が10cm程度残るように切り、とじ針に通す。始末する糸と同じ色の編み地に、表から見えないように裏の糸を拾って通す。

### 2 鎖編みを1目編んでから糸を切り、糸端を次の段で編みくるむ ➡(p.27)

糸始末した糸が抜けてしまわないように強度がほしいときにする方法。最後に鎖編みを1目編んでから、針にかかっているループを引き出して糸端が10cm程度残るように切る。糸を引いて目を締めて、次の段でその糸端を編みくるむ。

### 3 チェーンつなぎ ➡(p.24)

編み終わりの鎖が続くようにつなぐ方法。編み終わりに、針にかかっている糸を引き出して糸端が10cm程度残るように糸を切り、とじ針に通す。段の編み始めの目の鎖を拾って通し、編み終わりの目に戻って刺すと鎖がつながる。さらに余分な糸端を編み地の裏に通してカットする。

作り方に「糸を切る」とかいてあるときは、針にかかっているループを引き出して糸端が10cm程度残るように切ってください。

## とじ針に毛糸を通すときの通しやすいやり方

毛糸が太くてうまくとじ針に通せないときは、下記の方法で通してみましょう。

### 通し方

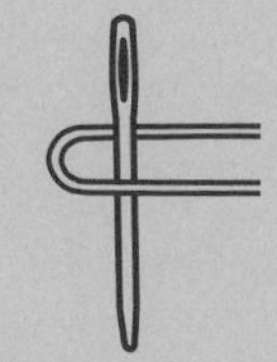

とじ針を挟むように毛糸を二つ折りにする。

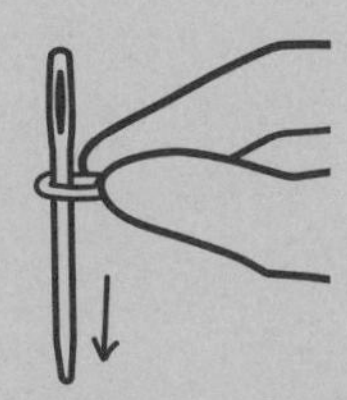

親指と人差し指で、とじ針の際で毛糸をしっかりつかみ、とじ針を下に抜く。

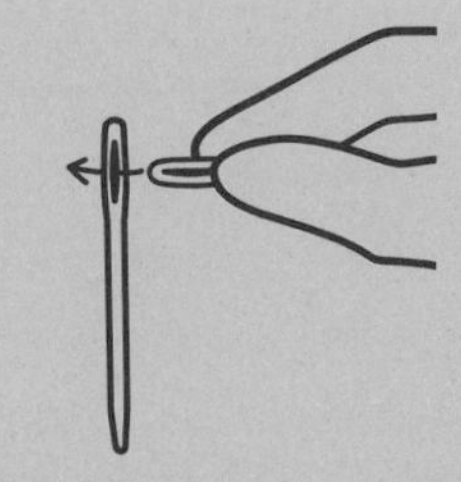

とじ針の穴に毛糸の折り山を押し当てると毛糸が通る。

# もちだ先生の かぎ針編み相談室

かぎ針編みをしていると、「これってどうなんだろう…」と
不安に思うことがありますよね。きっと多くの人が気になっている、
かぎ針編みに関する、あるあるなお悩みを
〈道具編〉〈技術編〉〈心得・その他〉に分けて、もちだ先生に答えてもらいました。
かぎ針編みがもっと楽しく、
もっと上手になるヒントがたくさん詰まっています。

## 道具編

### Q マーカーの代用品にできるものは何がありますか？

**A** 編み物用のマーカーが手に入らない場合は、短く切った毛糸を通したり、安全ピンやヘアピンで代用することもできます。安全ピンやヘアピンを使う場合、先が尖っていますので、自分の手や毛糸を傷つけてしまうことがないよう、十分注意してくださいね。

## Q 編み物に慣れてきたので、100円ショップ以外の毛糸や道具にも興味が出てきました！何からステップアップするのがおすすめですか？

**A** 最初に購入するとしたら、よく使う号数のかぎ針を買ってみるのがおすすめです。同じ号数のかぎ針でも、細かな部分の形が違ったり、持った感じが違ったりするので、あなたにピッタリの1本を探してみてください。もちろん「これまで一緒に歩んできた相棒（かぎ針）だから、これからもこれで編みたい！」というのも良いと思います！

毛糸もたくさんの種類がありますし、自分の好きな毛糸で好きな作品を編めるのが、手編みの醍醐味です。

手芸メーカーの毛糸は、100円ショップの毛糸に比べて高く感じるかもしれませんが、ほとんどの場合、1玉の長さが100円のものより長いので、計算してみるとそれほど割高でもないことが多いです。1玉が長いと糸始末の作業を減らせるので便利ですし、作品がキレイに仕上がります。100円ショップの毛糸にも、少量ずつ色々な毛糸を楽しめるというメリットがありますから、上手に使い分けて楽しんでください。

## Q いきなりバッグみたいな大物を編み始めるのは無謀ですか？

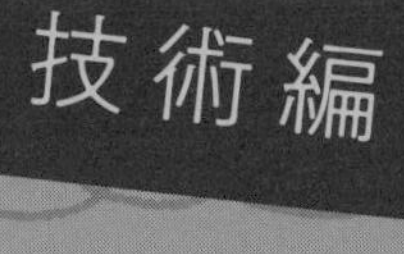


**A** 大物からチャレンジしてももちろんOKです！　自分の「編んでみたい！」という気持ちを大切にするのが上達への近道です。時間や手間がかかった分、できあがりの作品に愛着が湧くと思います。もし大物にチャレンジしたけれど上手くいかず挫けそうになったときは、ちょっと一息ついて、「まずは1つ編んでみよう（p.12）」に載っている作品を編んでみるものおすすめです。一つ作品ができあがると、嬉しくなってまた次の作品が編みたくなると思いますよ！

## Q 輪の作り目が編みにくいです。どうしたら編みやすくなりますか？

A 輪の中に編むのは慣れるまで苦労しますよね。左手で輪を持つとき、手から出る輪の部分をできるだけ小さくすると、編みやすくなると思います。輪を作るとき、指2本に糸を巻きつけますが、それだと輪が大きすぎると感じる場合は1本の指に巻きつけて小さい輪を作って編んでみても良いかと思います。

## Q 不器用なのですが、私でも編めますか？

A もちろんです！　最初から完璧にできる人はいませんから、気軽にチャレンジしてみてください。「まずは1つ編んでみよう」の作品はシンプルで編みやすいので、最初の作品におすすめです。機械で編まれた編み物と違って、手編みは編み目にバラつきがあったり、きっちりした形に仕上がらないこともありますが、それが手編みの良さです！ぜひ「世界にひとつだけの私の作品」を楽しんでください。お手本と全く同じに仕上がらなくても、あなたがかわいい！と思えればそれが正解でOKなのが編み物だと私は思います。ひとつ作品ができあがると、嬉しくなってきっと次の作品にもチャレンジしたくなりますよ！

## Q 目とか、段数がうまく数えられないのですが、どうしたらいいですか？

## Q 間違いを防ぐコツを教えてください。

A かぎ針編みで目の数がわからなくなりやすいのは、立ち上がりの鎖編みを数えるものと数えないものがあるからだと思います。一般的に長編みや中長編みは立ち上がりの鎖編みを最初の1目として数えますが、細編みの場合は立ち上がりは数えません。1番最初に編んだ細編みが1目めになるので要注意です。また、最初の目を編んだときにマーカーをつけておくとミスしにくくなるので、長編みや中長編みの場合は「立ち上がりの鎖編み」に、細編みの場合は「最初に編んだ細編み」にマーカーをつけておきましょう。
他にも、編み方図を読めるようになると、編んだものと編み方図を見比べられるようになるので、どこでミスをしたのかが発見できるようになり、上達が早いと思います。

## Q 抜けにくくてキレイな糸始末の方法があれば、教えてください。

A 糸始末がキレイにできていると作品の完成度が上がりますね！　糸始末の仕方に決まりはないのですが、私が糸始末をするときにどんなポイントを考えているかをご説明します。

### 1 裏面や内側になるほうに糸を始末する

糸始末している途中でどちらが表か混乱してしまいそうな作品は、表と決めたほうにマーカーをつけておくと間違えにくいです（トレカケースの糸始末など）。

### 2 同じ色の編み目に糸を始末する

グラニースクエアなど、毛糸を何色も使う場合は、糸始末する糸と同じ色の編み目に糸を通して始末すると目立ちません。

### 3 力がかからない方向に糸を始末する

帽子などは被ると横に伸びるので、伸びる横方向に糸を通して始末をしていると編み地が伸び縮みしたときに糸端が飛び出てきてしまうことがあります。たとえば帽子だったら縦方向に始末すると良いでしょう。なるべく力のかからない方向に糸始末するのがポイントです。

### 4 U字を描くように折り返して糸を始末する

バッグなどいろいろな方向へ力がかかる作品の場合は、糸始末する際にU字を描くように折り返して糸始末すると糸端が抜けにくくて良いと思います。

### 5 毛糸を割る

「絶対に糸端が出てきてほしくない！」という場合は、毛糸と毛糸の間ではなく、毛糸の中に針を刺して毛糸を割って糸始末する方法もあります。ただ、仕上がった作品をほどいて他の作品に編み直したい場合は、そのように糸始末すると上手くほどけなかったり、毛糸が傷ついてしまって編み直しがやりにくくなってしまいます。もし、編み直す可能性がある場合は、毛糸は割らないでおくのがおすすめです。

# 心得・その他

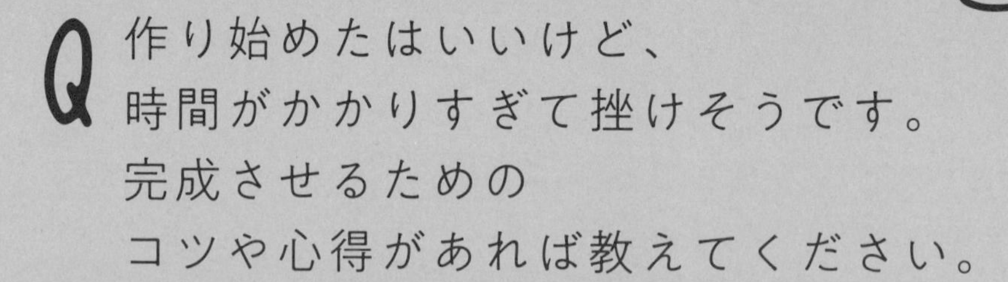

## Q 作り始めたはいいけど、時間がかかりすぎて挫けそうです。完成させるためのコツや心得があれば教えてください。

**A** その気持ち、とてもわかります！　大きな作品を編んでいると、早く完成させたいのに、編んでも編んでも終わらないような気がして、疲れてしまうこともありますよね。そんなとき私がどうしているかをお伝えしますね。

### 1 環境を変えてみる

私がいつも編み物をするのはリビングのソファーなのですが、たまにはベッドの上で編んでみたり、天気のいい日は庭で編んでみたりすることもあります。編み物を楽しんでいるお友達がいれば、お友達と一緒におうちや公園でおしゃべりを楽しみながら編んでも良いと思います。

### 2 違う作品を編んでみる

行き詰まってしまった作品よりも、少し簡単で、短い時間で編めそうな作品を気分転換に編んでみるのもおすすめ。ひとつ作品ができあがると嬉しい気持ちになって、「他の作品も仕上げよう！」という気持ちになると思います。他にも私は、かぎ針編みに飽きてしまったら棒針編みを編んで気分転換しています。どちらも楽しいですよ！

### 3 編む時間そのものを楽しむ気持ちで！

編み物は瞑想のような効果があると聞いたことがあります。確かに編み物をしていると心が落ち着いてきますし、集中して編んだあとは気持ちがすっきりしている気がします。早く完成させたいという気持ちは少し置いておいて、編んでいる時間そのものを楽しむ気持ちを持つと良いと思います！

## Q 編み物をするとき、音楽を聴いたりテレビを見たりなど、編み物以外に何かしていることはありますか？

**A** ひとりの時は、音楽やポッドキャストを聴きながら編んでいることが多いです。ドラマや映画を見ながら編んでみたこともあるのですが、どちらかに集中してしまって、どちらも中途半端になってしまいました（笑）。
また、家族とリビングで過ごす時間に編み物をすることも多いです。なんとなく、スマホを見ている人よりも、編み物をしている人のほうが話しかけやすい感じがするからか、編み物をしているときのほうが家族の会話が弾みます。編み物があることで、場の雰囲気が柔らかくなっている気がします。

## Q 中途半端に余った毛糸はどうしていますか？

**A** 余っている毛糸がアクリル毛糸は、練習も兼ねてモチーフ編みをして、食器洗い用のタワシにして活用しています。それ以外に、あみぐるみに詰める中綿のかわりにしたり、中途半端な毛糸で色がかわるポーチや巾着にして活用しています（中途半端な毛糸をはた結びで繋げていって毛糸玉にして「Myオリジナル毛糸玉」を作ると良いです）。いろいろな毛糸を少しずつ組み合わせて作品を作るのも、ランダムな感じが出て可愛く仕上がりますよ！

## Q うっかり編み間違えてしまいました。ほどいてやり直したほうがいいですか？もちだ先生にも、そういうことってありますか？

**A** もちろん、私も間違えてしまうことはあります！　かなり編み進めたところでミスに気がつくと、すごくショックですよね。ほどいてやり直すかどうかは、あなた次第です。かぎ針編みでは、常に「完璧に編まなくては！」と思う必要はありません。編んでいる途中は1目の違いがとても大きく感じられるかもしれませんが、編み終わって全体を見てみると、意外とどこでミスをしたのか分からなくなっていると思います。難しく考えすぎず、まずは楽しんで編んでいきましょう！　全体を見てみて、あなたがOKだと思えるなら、編み直す必要はありません。
もし、「やっぱり気になるから直したい」と思うあなたは、上達が早いと思います。編んだものをほどいて無くなってしまっても、確実に技術は身についているので、2回めはもっと上手く編めるはずです！
私も少し前までは「せっかく編んだのにほどきたくない！」と考えていましたが、今は少し違う考えになりました。ほどくことによって、より自分に合ったサイズに編み直すことも、全く新しいものに生まれ変わらせることだってできます。編み間違えもポジティブに捉え、その時々のあなた自身に合った最高の作品を編んでくださいね！

インデックス


## 基本

かぎ針 ➡ p.5

かぎ針の持ち方 ➡ p.50

かぎ針の太さと目安 ➡ p.50

糸のかけ方 ➡ p.6

糸の取り出し方 ➡ p.54

糸始末 ➡ p.55

とじ針に糸を通すやり方 ➡ p.55

糸の種類 ➡ p.51

糸ラベルの見方 ➡ p.51

## 作り目

輪の作り目 ➡ p.18

鎖編みの作り目 ➡ p.7

## 編み目記号

鎖編み ➡ p.7

細編み ➡ p.8

中長編み ➡ p.9

長編み ➡ p.10

長々編み ➡ p.47

引き抜き編み ➡ p.18

バック細編み ➡ p.33

細編み2目編み入れる ➡ p.19

細編みのすじ編み ➡ p.31

細編み3目一度 ➡ p.83

長編み2目編み入れる ➡ p.19

長編み3目編み入れる ➡ p.19

長編み5目のパプコーン編み ➡ p.32

長編み変形の立ち上がり ➡ p.75

長編みの1目交差 ➡ p.75

長編み4目の変形パプコーン編み ➡ p.79

スレッドコード ➡ p.14

→スレッドコードからの編み出し方 ➡ p.87

二重鎖 ➡ p.95

## テクニック

長編みで糸の色をかえる ➡ p.41

チェーンつなぎ ➡ p.24

引き抜きはぎ ➡ p.28

巻きかがり ➡ p.45

コの字とじ ➡ p.38

ゴムに糸をつける ➡ p.87

リボンモチーフ ➡ p.15

# 用語集

**● 頭（あたま）**
編み目の上部のこと。おもに次の段で針を入れるところ

**● 編みくるむ**
編み目の中に糸を編み込むこと。編みくるんだ糸は編み地の中に収まって外からは見えなくなる

**● 編み地**
編んだ編み目でできている面状態のもの

**● 編み目の高さ**
それぞれの目の高さ（長さ）。立ち上がり目の鎖目の数で表す ➡ p.54

**● 裏山**
鎖編みの裏側。鎖をつなぐ山のように見える糸のこと ➡ p.7

**● 往復編み**
段ごとに編み地を返して左右を入れかえ、往復して編む編み方 ➡ p.52

**● 束に拾う（そくにひろう）**
目を丸ごとすくうこと。前段の鎖編みの目に針を入れず、まとめてすくうときなどに使う

**● 外表（そとおもて）に合わせる**
外側が表に出るように2枚を合わせること

**● 立ち上がり**
段の始めに編む鎖編み、または長編みの変形の目（p.75）のこと

**● チェーンつなぎ**
鎖目が続いているように見える糸始末のこと ➡ p.24

**● 作り目**
編み始めに作る目のこと

**● とじる**
編み地の段と段をつなぐこと

**● トップ**
帽子のてっぺんの名称

**● 2本どり**
糸を2本一緒に編むこと。引きそろえとも言う ➡ p.26

**● はぐ**
編み地の目と目をつなぐこと

**● 半目**
鎖のV字になっている２本の糸のうち、１本の糸のこと ➡ p.28

**● 拾う**
目やスペースに針を入れて、糸をすくうこと

**● 縁編み（ふちあみ）**
アイテムの縁に編む飾り編み

**● ブリム**
帽子のつば（ひさし）部分の名称

**● 減らし目**
目を減らしていくときに編む編み目のこと。それぞれの編み目に減らし目がある　例）細編み3目一度

**● 巻きかがる**
編み地どうしを合わせて、とじ針でかがる方法の1つ。モチーフをつなぐときなどにも使う

**● 増し目**
目を増やしていくときに編む編み目のこと。それぞれの編み方に増し目がある　例）長編み３目編み入れる

**● 向こう半目**
鎖の２本あるうちの外側の1本のこと。外側半目ともいう

**● ループ**
針にかかっている輪っか状の糸

**● 渡す**
糸を次に編むところまで編み地の外に出しておいて移動させること

Staff

**ブックデザイン**　若井夏澄（tri）
**撮影**　白井由香里
**スタイリング**　鈴木亜希子
**イラスト**　もちだあかり
**校正**　向井雅子　中田早苗
**DTP**　八文字則子
**編集協力**　fève et fève（西田千尋　曽我圭子　中村洋子　森 美智子）
小泉未来　宇並江里子（KADOKAWA）
**編集**　岡本菫（KADOKAWA）

★素材提供
後正（ごしょう）産業株式会社
URL：https://www.gosyo.co.jp/

※ごしょう産業の毛糸は、セリア・キャンドゥで
ご購入いただけます。また、数字は色番号です。
※この本に出てくるセリア・キャンドゥ・DAISO
の毛糸は、店舗により在庫状況が異なります。
※商品情報は2024年12月時点のものです。
購入時期、商品により、商品情報ラベル、形状が
変更になっている場合もございます。

# おでかけが
# もっと
# たのしくなる
# あみこもの

身に着けたり、持ち歩いたり。おでかけがもっと楽しくなるあみこものをご紹介。こんな大物だって、基本の編み方をマスターすれば自分で作れちゃう！

# 猫耳ニット帽

かぶると小さな耳がでる、かわいいボーダーニット帽。
太めの針でザクザク編めて、すぐに作れるのもうれしい！
アレンジでポンポンをつけてもかわいい♡

How to make ►p.68

Cat ear beanie

## 猫耳ファーニット帽

まるで本物の猫のようなやわらかな手触りのファー毛糸の帽子は、編んでいる最中も幸せ気分。両耳にリボンをつけて、キュートさアップ♡

How to make ►p.69

# How to make

難易度★☆☆

Point

鎖編みの作り目を輪にし、A色とB色を交互に長編みで編む。編み終わったら上部を巻きかがってとじる。

手順

できあがりサイズ(約)　頭周り52cm

## 用意するもの

**糸**

並太〈DAISO　アクリル毛糸
　チェリーピンク　サンドベージュ
　ブラック　シルバーグレー
　ホワイト　サックスブルー〉
A色40g　B色40g　ポンポンA色、B色各10g

**針**

8/0号かぎ針　とじ針

**ゲージ**　10cm平方で長編み縞13.5目×7.5段

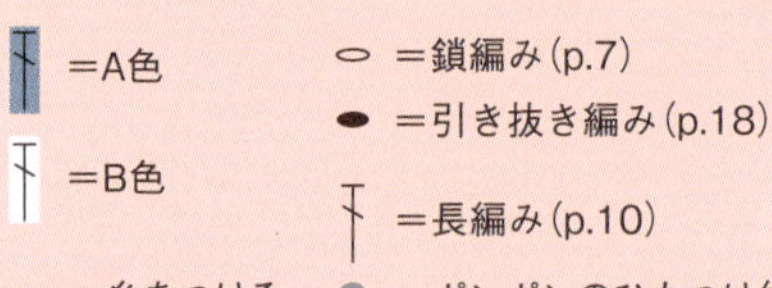


## 編み方図

巻きかがる

本体(長編みの縞模様)

⑱ ⑮ ⑩ ⑤ ② ①

折り返し位置

24cm(18段)

60　55　50　45　40　35　30　25　20　15　10　5　1　70　65

編み始め　鎖(70目)作る

52cm(70目)

photo p.69

## 編み方

**〈本体〉**

①**1段め**__A色で鎖70目の作り目をゆるめに編み、輪にする。鎖3目の立ち上がり、鎖の裏山を拾って長編み69目、立ち上がりの鎖3目めに引き抜く。10cm残して糸を切り、次の段で編みくるむ。

②**2段め**__B色にかえて鎖3目の立ち上がり、長編み69目、立ち上がりの鎖3目めに引き抜く。10cm残して糸を切り、次の段で編みくるむ。

**3〜5段め**__A色、B色交互に2段めと同様に編み、10cm残して糸を切り、次の段で編みくるむ。

⑥**6段め**__B色で鎖3目の立ち上がり、長編み69目、立ち上がりの鎖3目めに引き抜く。糸は切らずに残す。

⑦**7段め**__A色で鎖3目の立ち上がり、長編み69目、立ち上がりの鎖3目めに引き抜く。糸は切らずに残す。

**8〜18段め**__2段下の糸を渡して色をかえ、6、7段めを繰り返す。最後は50cm程度残して糸を切る。

## [鎖編みから輪に編む] 編み方

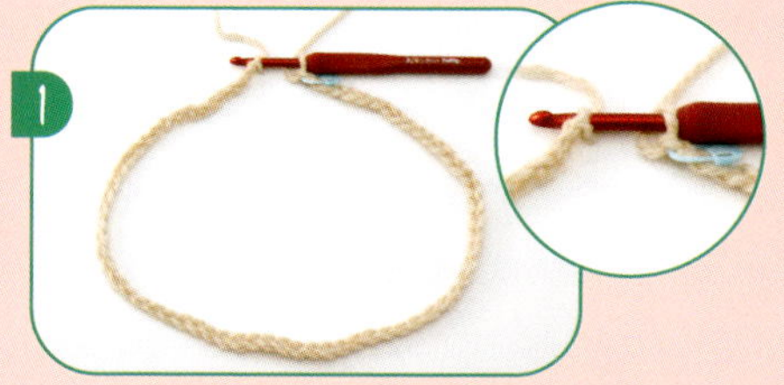

鎖70目を編んだら、途中がねじれないように気をつけて最初の鎖の裏山に針を入れる。糸をかけて引き抜き、輪につなぐ。

立ち上がりの鎖3目を編み、マーカーをつける。続けて長編みで1段めを編む。

段の終わりは、立ち上がり目についているマーカーを外して針を入れ、引き抜き編みをする。

**ポンポン** 2個 ブラック、シルバーグレーで作る

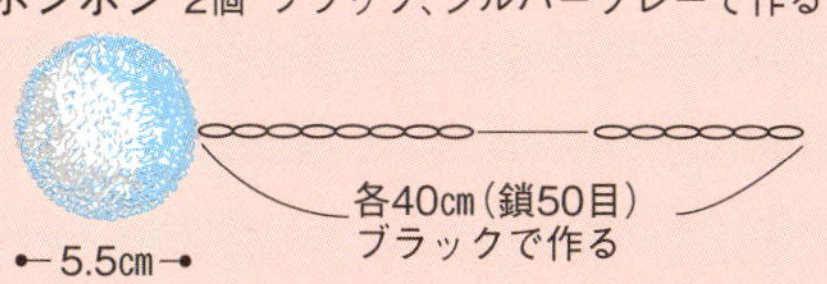


**〈仕上げ〉**

最終段で残した糸で上部を巻きかがり(p.45)でとじる。

**〈ポンポンをつける場合〉**

直径5.5cmのポンポンメーカーを使って、2色で巻いて作り、中心を結んでカットして形を整える。鎖編み(50目)のひもを編み、10cm程度残して糸を切る。ポンポンをひも先に結びつける。反対側の糸をとじ針に通し、帽子の内側のつけ位置に通して結び、糸端を内側で通し返して糸始末する。

# How to make

難易度★★☆

**Point**

鎖編みの作り目を輪にし、長編みで編む。編み終わったら上部を巻きかがる。

\ 動画をcheck /

編み目が見えにくいファーヤーンを編むときに便利な、方法を紹介!

## 用意するもの

**糸**

ファーヤーン〈ごしょう産業　ドリームキャット　シルバーグレー(22)〉80g

**針**

ジャンボかぎ針10mm

**ゲージ**

10cm平方で長編み5.3目×3.7段

**その他**

幅0.6cmのリボン70cm　ほつれ止め液

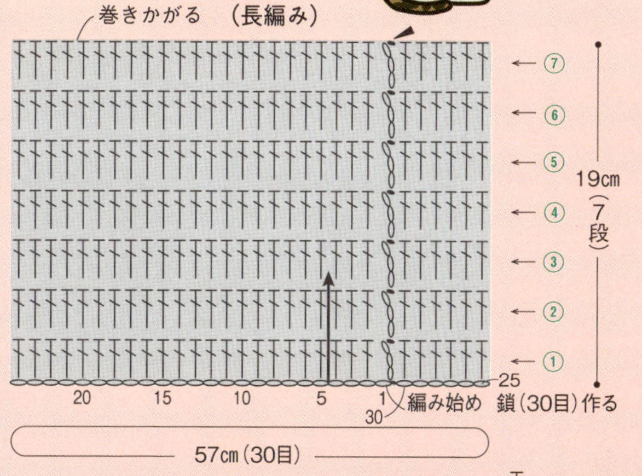


▶=糸を切る　○=鎖編み(p.7)　●=引き抜き編み(p.18)　干=長編み(p.10)

## 編み方

**できあがりサイズ(約)**　頭周り57cm

**〈本体〉**

①**1段め**__鎖30目の作り目をゆるめに編み、輪にする。鎖3目の立ち上がり、長編み29目、立ち上がりの鎖編み3目めに引き抜く。

②**2段め**__鎖3目の立ち上がり、長編み29目、立ち上がりの鎖編み3目めに引き抜く。

**3〜7段め**__2段めを繰り返す。50cm程度残して糸を切る。

**〈仕上げ〉**

最後の段で残した糸で上部を巻きかがり(p.45)でとじる。リボンの端にほつれ止め液をぬり、上部の角に通してリボン結びをする。

# フラワーヘアバンド

小さなお花モチーフをつないだ愛らしいヘアバンド。
つけると一瞬でかわいらしい雰囲気にしてくれます。
モチーフの数を調整してチョーカーにしても◎

How to make ▶p.70

## How to make

難易度★★☆

### 用意するもの

**糸**

合太〈ごしょう産業　NEWベビーちゃん　白(2001)〉10g

**針**

5/0号かぎ針

### Point

結びひもの鎖から編み、続けて花モチーフを編む。そのまま反対側の結びひもを編む。花モチーフの鎖4目めに針を入れるときは、鎖の向こう半目と裏山（p.7）に入れるときれいに編める。

## 手順

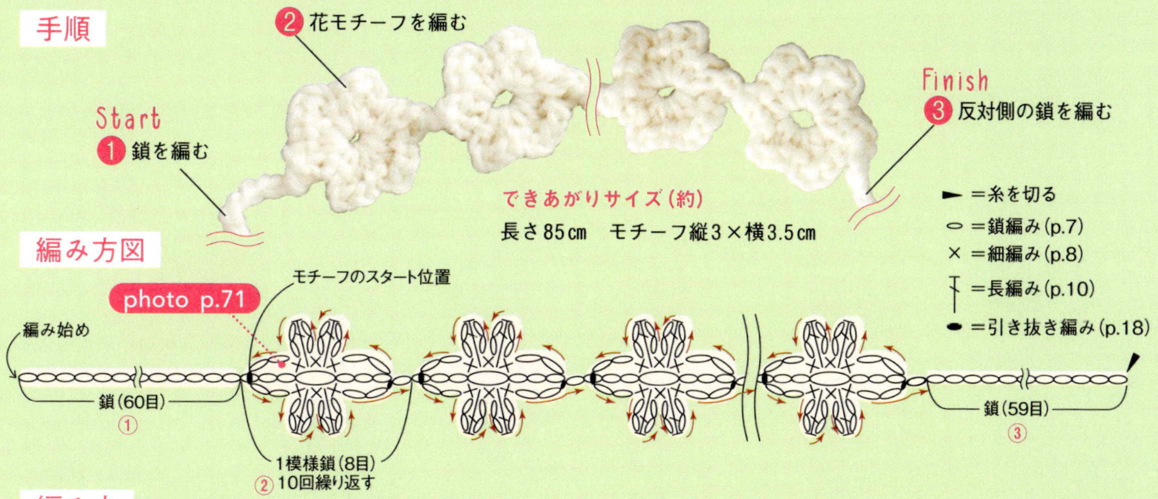


## 編み方

①__鎖60目を編む。

②__モチーフの鎖9目、鎖の4目めに細編み1目、[鎖2目、4目めに針を入れて長編み1目、鎖2目、4目めに針を入れて細編み1目]を2回繰り返し、鎖2目、最初の鎖目に引き抜き編み、鎖2目、鎖の4目めに細編み1目、[鎖2目、4目めに針を入れて長編み1目、鎖2目、4目めに針を入れて細編み1目]を2回繰り返し、鎖2目、鎖7目めに引き抜く、鎖一目。同様に繰り返す。

③__鎖59目、10cm程度残して糸を切る。

## [花モチーフ]の編み方

鎖60目を編んだら、さらに鎖9目を編み、1、4、7目にマーカーをつける。

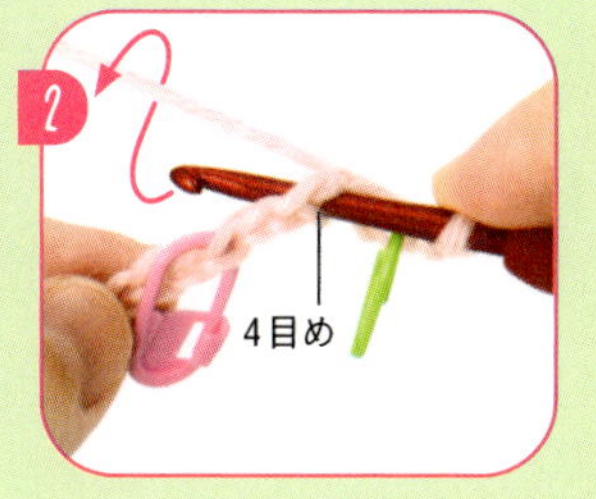

戻って4目めにつけたマーカーを外して鎖の向こう半目と裏山に針を入れ、細編み(p.8)を1目編む。

[鎖2目、4目めに針を入れ長編み1目、鎖2目、4目めに針を入れ細編み1目]を2回編む。

上部の花びらが2枚編めたところ。

鎖2目編み、1目めにつけたマーカーを外して針を入れ、写真のように鎖の下から針に糸をかけて引き抜く。これで上側が編めた。

下側を編む。 鎖2目編み、2、3と同様に下部の花びらを2枚編む。

鎖を2目編み、7目めにつけたマーカーを外して針を入れ、糸をかけて引き抜く。鎖1目編む。

花モチーフが1つ編めたところ。そしてまた1〜7と同様に編む。

Lace crochet hat

# 透かし編みの バケットハット

透かし模様がかわいくて涼しげ。頭のてっぺんからぐるぐると編んでいき、縁にはフリルを編みます。持ち運びもしやすく、春夏のお出かけにぴったりな帽子です。

How to make ▶p.73

# How to make

難易度★★★

Point

輪の作り目をし、長編みで増し目をしながらトップを編み、続けて模様編みでクラウンとブリムを編みます。

## 用意するもの

**糸**

中細〜合太コットン糸
〈ごしょう産業　NEWエンジェルコットン
白（2001）　薄茶（2010）〉90g

**針**

5/0号かぎ針　とじ針

**ケージ**　10㎝平方で模様編み22.5目×12段

## 手順

Start
❶ 編み始める

Finish
❷ クラウンとブリムを編む

72cm

**できあがりサイズ（約）**　頭周り54㎝

ⓦ＝輪の作り目（p.18）
＝長編み変形の立ち上がり（p.75）
＝長編み（p.10）
＝長編み2目編み入れる（p.19）
●＝引き抜き編み（p.18）

photo p.75

## 編み方図

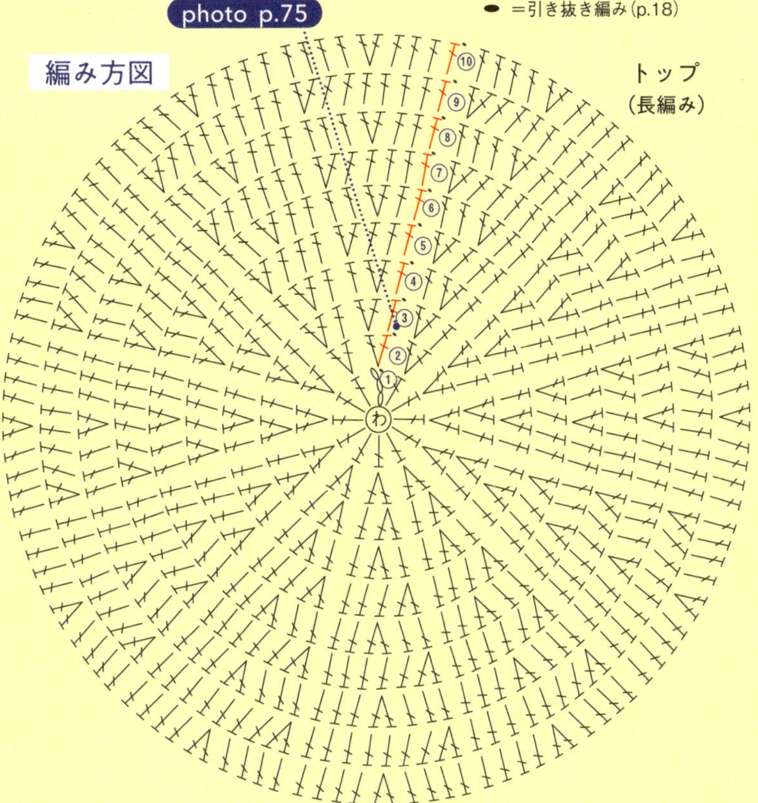


## 編み方

**〈トップ〉**

①**1段め**＿輪の作り目。鎖3目の立ち上がり、長編み11目、立ち上がりの鎖3目めに引き抜く【12目】。

②**2段め**＿長編み変形の立ち上がり、同じ目に長編み1目、［長編み2目編み入れる］を11回、立ち上がり目の頭に引き抜く【24目】。

③**3段め**＿長編み変形の立ち上がり、長編み2目編み入れる、［長編み1目、長編み2目編み入れる］を11回繰り返し、立ち上がり目の頭に引き抜く【36目】。

④**4段め**＿長編み変形の立ち上がり、長編み2目編み入れる、長編み1目、［長編み1目、長編み2目編み入れる、長編み1目］を11回繰り返し、立ち上がり目の頭に引き抜く【48目】。

⑤**5段め**＿長編み変形の立ち上がり、長編み2目、長編み2目編み入れる、［長編み3目、長編み2目編み入れる］を11回繰り返し、立ち上がり目の頭に引き抜く【60目】。

⑥**6段め**＿長編み変形の立ち上がり、長編み1目、長編み2目編み入れる、長編み2目、［長編み2目、長編み2目編み入れる、長編み2目］を11回繰り返し、立ち上がり目の頭に引き抜く【72目】。

⑦**7段め**＿長編み変形の立ち上がり、長編み4目、長編み2目編み入れる、［長編み5目、長編み2目編み入れる］を11回繰り返し、立ち上がり目の頭に引き抜く【84目】。

⑧**8段め**＿長編み変形の立ち上がり、長編み2目、長編み2目編み入れる、長編み3目、［長編み3目、長編み2目編み入れる、長編み3目］を11回繰り返し、立ち上がり目の頭に引き抜く【96目】。

⑨**9段め**＿長編み変形の立ち上がり、長編み6目、長編み2目編み入れる、［長編み7目、長編み2目編み入れる］を11回繰り返し、立ち上がり目の頭に引き抜く【108目】。

⑩**10段め**＿長編み変形の立ち上がり、長編み3目、長編み2目編み入れる、長編み4目、［長編み4目、長編み2目編み入れる、長編み4目］を11回繰り返し、立ち上がり目の頭に引き抜く【120目】。

## クラウンとブリム(模様編み)

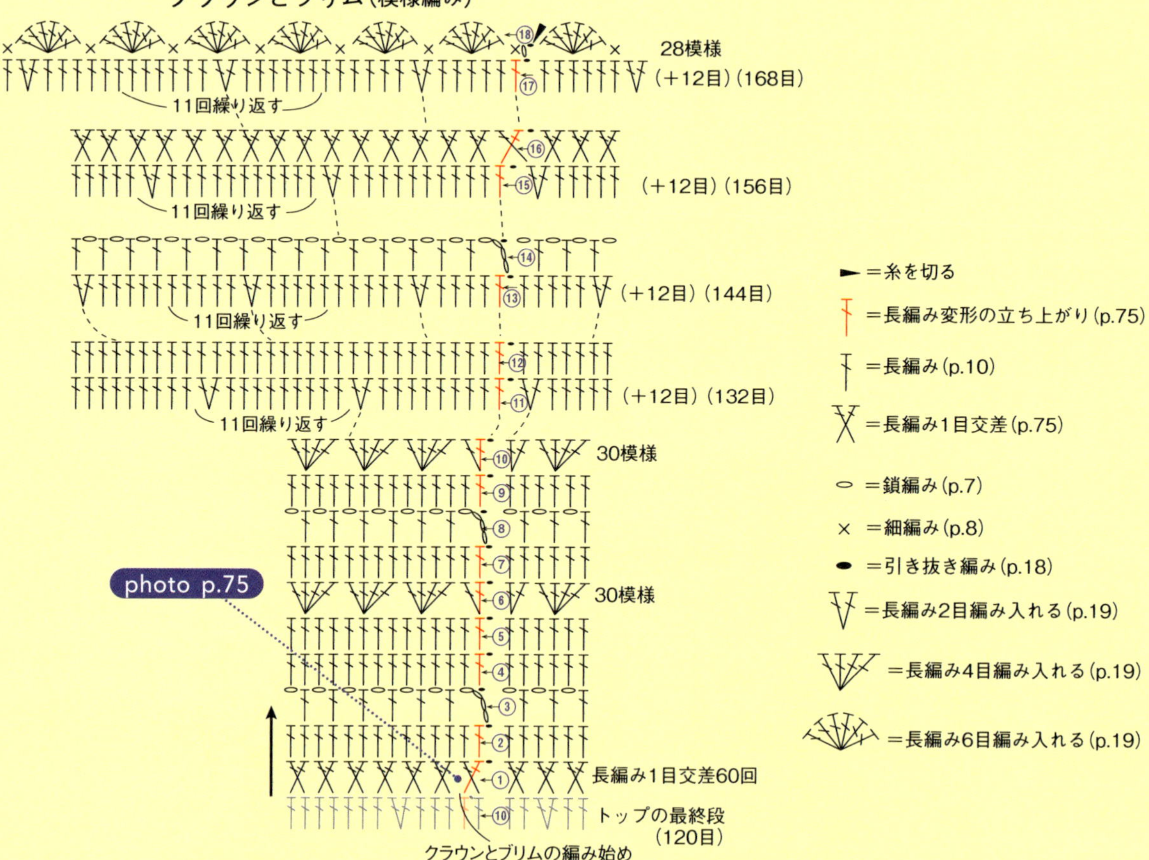


**〈クラウンとブリム〉**

①**1段め**__長編み変形の立ち上がり、1目戻って長編み1目、[1目飛ばして長編み1目、1目戻って長編み1目]を段の終わりまで繰り返し、立ち上がり目の頭に引き抜く。

②**2段め**__長編み変形の立ち上がり、長編み119目、立ち上がり目の頭に引き抜く。

③**3段め**__鎖3目の立ち上がり、鎖1目、[1目とばして長編み1目、鎖1目]を段の終わりまで繰り返し、立ち上がりの鎖3目めに引き抜く。

**4、5段め**__2段めと同じ

⑥**6段め**__長編み変形の立ち上がり、同じ目に長編み1目、[3目とばして長編み4目編み入れる]を29模様編み、2目とばして長編み2目編み入れる、立ち上がり目の頭に引き抜く。

⑦**7段め**__2段めと同じ

⑧**8段め**__3段めと同じ

⑨**9段め**__2段めと同じ

⑩**10段め**__6段めと同じ

⑪**11段め**__長編み変形の立ち上がり、長編み8目、長編み2回編み入れる、[長編み9目、長編み2目編み入れる]を11回繰り返し、立ち上がりの目の頭に引き抜く【132目】。

⑫**12段め**__2段めと同じ(長編みは131目)

⑬**13段め**__長編み変形の立ち上がり、長編み4目、長編み2目編み入れる、長編み5目、[長編み5目、長編み2目編み入れる、長編み5目]を11回繰り返し、立ち上がり目の頭に引き抜く【144目】。

⑭**14段め**__3段めと同じ(繰り返しは71回)

⑮**15段め**__長編み変形の立ち上がり、長編み10目、長編み2目編み入れる、[長編み11目、長編み2目編み入れる]を11回繰り返し、立ち上がりの目の頭に引き抜く【156目】。

⑯**16段め**__1段めと同じ(繰り返しは77回)

⑰**17段め**__長編みの変形立ち上がり、長編み5目、長編み2目編み入れる、長編み6目、[長編み6目、長編み2目編み入れる、長編み6目]を11回繰り返し、立ち上がり目の頭に引き抜く【168目】。

⑱**18段め**__鎖1目の立ち上がり、細編み1目、[2目とばして長編み6目編み入れる、2目とばして細編み1目]を27回繰り返し、2目とばして長編み6目編み入れる、段の始めの細編みに引き抜く。糸を切る。

## [長編み変形の立ち上がり] を編む方法

立ち上がりの鎖３目のかわりに、長編みの変形を編みます。長編みの最初にかける糸のかわりに、針にかかったループを引き出してかけます。

針にかかっているループの糸を長編み1目の高さくらい引き出し、指で押さえる。

針先を手前からループの糸の根元を針にかけるように1回転させる。長編みの編み始めの、針に糸をかけたところと同じ状態になる。

★の糸が外れないように指で押さえながら矢印の位置に針を入れ、長編みと同様に編む。

長編み変形の立ち上がりが1目編めたところ。

## [長編みの１目交差] の編み方 

長編み変形の立ち上がりを1目編む。

糸をかけ、1目戻って前段の最後の長編みの頭に針を入れる。針にかかっている糸を指先でしっかり押さえながら入れる。

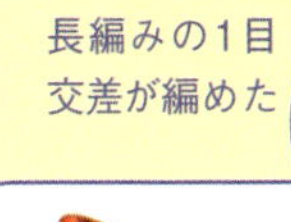

そのまま長編みを編む。立ち上がりと長編みの1目交差が編めた。

1目とばした目に長編みを編む。

4でとばした目に2、3の要領で長編みを編む。

# お花の
# モチーフバッグ

SNSで大人気の、持ち手もバッグも全部お花モチーフのバッグ。ベースの色をかえたり、お花の色をかえたり、自分だけのとっておきの組み合わせ方を見つけてみて。

How to make ►p.78

# Flower motif bag

## How to make

難易度★★☆

### Point

輪の作り目をし、図を参照して糸をかえながらモチーフを16枚編む。モチーフのつなぎ方を参照して半目の巻きかがりでモチーフをつなぎ、持ち手の周りにステッチを入れた後、持ち手を半分に折って巻きかがる。

### 用意するもの

**糸**

並太〈ごしょう産業　なないろ彩色　黄色(2571)
白(2501)　緑(2572)　青(2574)　ピンク(2570)〉
A色20g　B色70g　C色60g

**針**

8/0号かぎ針　とじ針

### 手順

### 編み方図

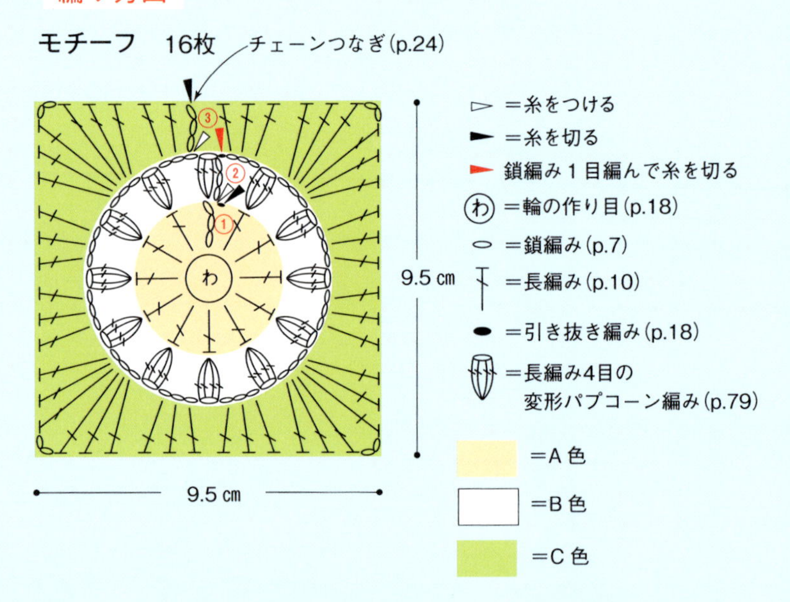


### 編み方

**〈モチーフ〉**

①1段め＿A色で輪の作り目。鎖3目の立ち上がり、長編み11目、立ち上がりの3目めに引き抜く【12目】。糸を切る。

②2段め＿図の位置にB色をつけて、鎖3目の立ち上がり、立ち上がりを含めて長編み4目の変形パプコーン編み、鎖3目、[長編み4目の変形パプコーン編み、鎖3目]を11回繰り返し、立ち上がりの鎖の3目めに引き抜く。糸を切る。

③3段め＿図の位置にC色をつけて、鎖3目の立ち上がり、前段の鎖3目の下のスペースに針を入れて長編み2目、[★長編み3目、鎖2目、長編み3目]、[#長編み3目を2回]、[★]、[#]、[★]、[#]、[★]の順に繰り返し、長編み3目、最後はとじ針でチェーンつなぎ。

※モチーフを16枚編む。

### モチーフの編み方

1段めの編み方

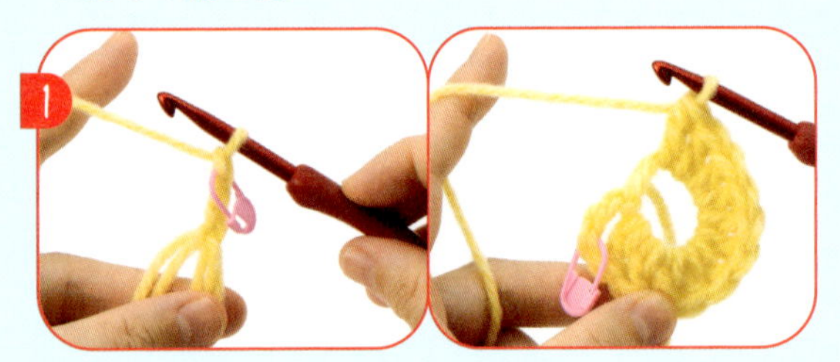

1　輪の作り目をする。立ち上がりの鎖を3目編む。3目めにマーカーをつけ、輪に針を入れて長編みを11目編む。中央の糸端を引いて輪を引き締める。

2　立ち上がりの鎖の3目めに針を入れ、糸をかけて引き抜いて輪にする。最後の目にマーカーをつけ、針にかかっているループを引き出して切る。

## [長編み4目の変形パプコーン編み] の編み方と2段めの編み方

※わかりやすいよう、糸の色をかえています

B色をつけ、立ち上がりの鎖3目を編み、マーカーをつける。同じ目（★）に長編みを3目編み入れ、針にかかっているループを少し引き出す。一旦針を外す。

マーカーを外して写真左の矢印のように立ち上がりの鎖3目めとループに針を入れ、針に糸をかけてすべてのループから引き抜く。長編み4目の変形パプコーン編みが1つ編めた。

鎖を3目編む。次のパプコーン編みからは同じ目に長編みを4目編み入れる。3と同様にループを少し引き出してから一旦針を外し、1目めの長編みの頭とループに針を入れ、4の要領で糸をかけて引き抜く。

2つめが
編めた

同様に変形パプコーン編みをあと10回編む。最後は編み始めのマーカーを外して針を入れ、糸をかけて引き抜く。さらに鎖1目を編み、針にかかっているループを引き出して糸を切り、糸を引いて目を締める。

## 3段めの編み方

編み方図の指定の位置にC色をつけ、立ち上がりの鎖を1目編んだら糸端を写真のようにかけ、残りの立ち上がりの鎖2目を編んで糸端を編みくるむ。3目めにマーカーをつける。

2段めのパプコーン編みとパプコーン編みの間の鎖の下のスペースに針を入れて長編みを2目編む。

次の鎖の下のスペースに針を入れ、長編み3目、鎖2目、長編み3目を編む。角ができる。

8、9の要領で角を作りながら1周編む。

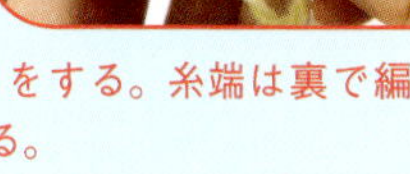

最後はチェーンつなぎ(p.24)をする。糸端は裏で編み地に通し返して糸始末をする。

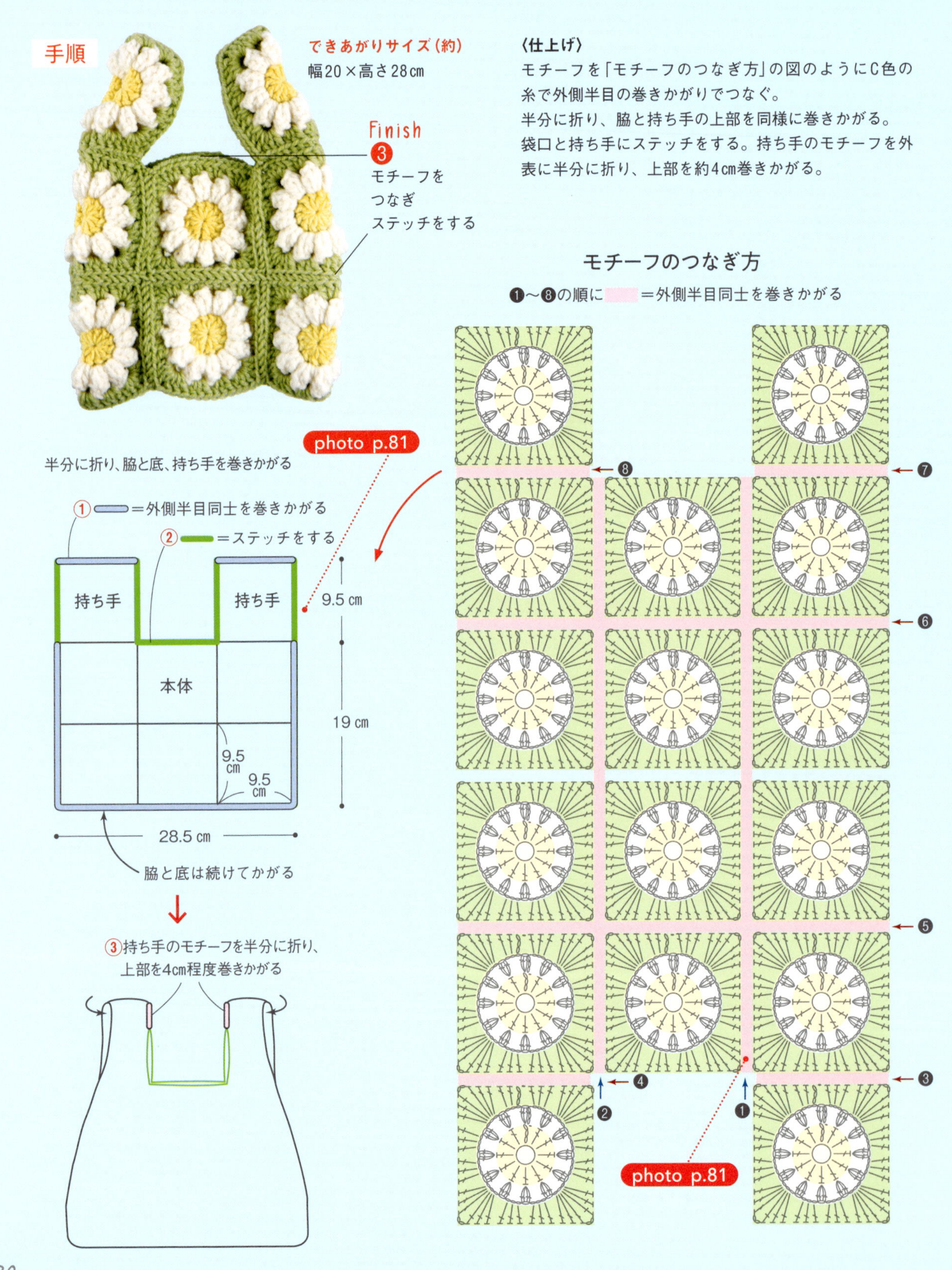


**できあがりサイズ(約)**
幅20×高さ28cm

**〈仕上げ〉**
モチーフを「モチーフのつなぎ方」の図のようにC色の糸で外側半目の巻きかがりでつなぐ。
半分に折り、脇と持ち手の上部を同様に巻きかがる。
袋口と持ち手にステッチをする。持ち手のモチーフを外表に半分に折り、上部を約4cm巻きかがる。

## モチーフのつなぎ方 ［外側半目の巻きかがり］

※わかりやすいよう、糸の色をかえています

モチーフを並べてマーカー（またはマチ針など）でとめる。

糸をとじ針に通し、モチーフの端の鎖の外側半目をすくう。

交互に1目ずつすくってかがる。

交差するところは斜めに糸を渡して、次の2枚に移る。

縦方向をかがったところ。

横方向も同じようにかがり、交差するところでは、先に渡っている糸とクロスするように糸を渡す。

## 袋口と持ち手のステッチのやり方

※わかりやすいよう、糸の色をかえています

角はバランスを見て3か所くらいステッチ

とじ針に糸を通し、モチーフの端の鎖の外側半目を拾いながら袋口と持ち手をぐるっとステッチする。

# お花のモチーフバッグ
## 〈アレンジ〉

モチーフの数と組み合わせ方をかえれば、より大人っぽい雰囲気に。フリフリした持ち手は、スマホストラップ（p.85）の編み方で編めます。

How to make ▶p.83、p.84　持ち手▶p.86

Flower motif bag arrangement

## How to make　難易度★★★

### 手順

**できあがりサイズ(約)**
幅26×高さ33cm(ストラップを除く)

### 用意するもの

**糸**
並太〈ごしょう産業　なないろ彩色
グレー(2576)　白(2501)
ミントグリーン(2573)〉
A色20g　B色80g　C色130g

**針**
8/0号かぎ針　とじ針

**その他**
4cmのナスカン4個

**Point**
モチーフの編み方はp.78「花のモチーフバッグ」と同じ。モチーフをつないだあと、袋口に細編みを編む。持ち手は、p.85「スマホストラップ」を目数をかえて同様に編む。

### 編み方

**モチーフ**＿p.78〜を参照して、モチーフを18枚編む。
**持ち手**＿p.86〜を参照して、C色で毛糸を2m引き出したところからスレッドコード50目を編みフリルを編む。2本編む。

**〈仕上げ〉**
下記のつなぎ方の図のように、モチーフをC色で[外側半目の巻きかがり](p.81)でつなぐ。袋口(後ろ側)に糸をつけて、細編みを1段編み、最後はチェーンつなぎ(p.24)をする。持ち手はとじ針でナスカンを縫いつけ(p.86参照)、バッグの編み目の隙間につける。

### モチーフのつなぎ方・袋口の細編みの編み方図

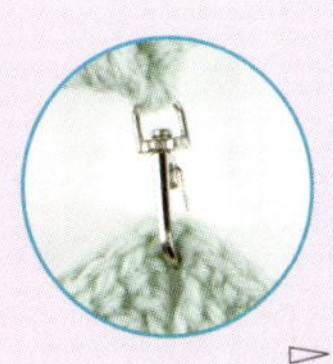

持ち手はナスカンをモチーフの角に通してつける

▷＝糸をつける
▶＝糸を切る
○＝鎖編み(p.7)
×＝細編み(p.8)
細編み3目一度の記号＝細編み3目一度
A色の色見本＝A色
B色の色見本＝B色
C色の色見本＝C色

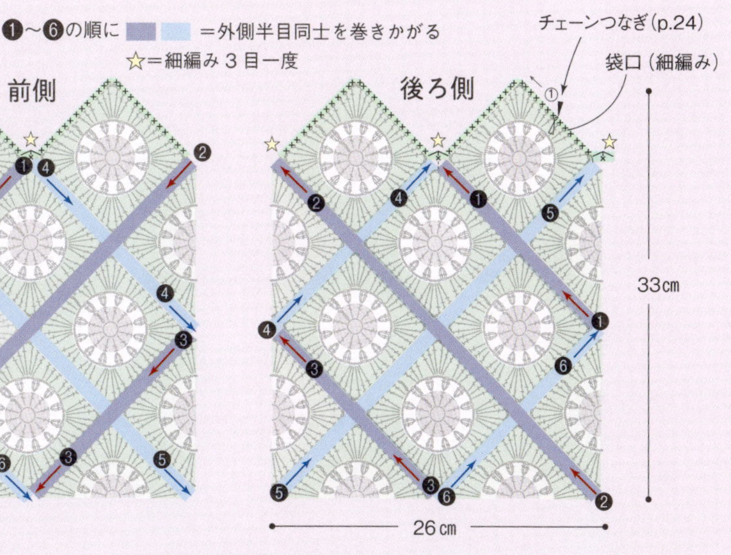


### [細編み3目一度]の編み方

※わかりやすいよう、糸の色をかえています

1番右の★の位置に針を入れ、糸をかけて引き出す。針に2本ループがかかった状態になる。

あと2か所、★の位置に針を入れ、糸をかけて引き出すを繰り返す。

さらに針に糸をかけ、4本すべてのループから引き抜く。

## How to make 難易度★★★

### 用意するもの

**糸**

並太〈ごしょう産業　なないろ彩色　グレー(2576)　イエロー(2571)　白(2501)〉

A色15g　B色65g　C色150g

**針**

8/0号かぎ針　とじ針

**その他**

4㎝のナスカン2個

**Point**

モチーフの編み方はp.78「花のモチーフバッグ」と同じ。モチーフをつないだあと、袋口と持ち手を続けて細編みで編む。ストラップはp.85「スマホストラップ」と同様に編む。

### 編み方

**モチーフ**__p.78〜を参照してモチーフを13枚編む。

**ストラップ**__p.86〜を参照して、C色でスレッドコード120目でフリルを編む。

**〈仕上げ〉**

下記のつなぎ方の図のように、モチーフをC色で[外側半目の巻きかがり]でつなぐ。袋口に糸をつけ、袋口と持ち手を細編みで編み、最後はチェーンつなぎ(p.24)をする。ストラップはとじ針でナスカンを縫いつけ(p.86参照)、バッグの編み目の隙間につける。

**できあがりサイズ(約)**

幅26×高さ38㎝(ストラップを除く)

### 手順

### モチーフのつなぎ方・持ち手と袋口の細編みの編み方図

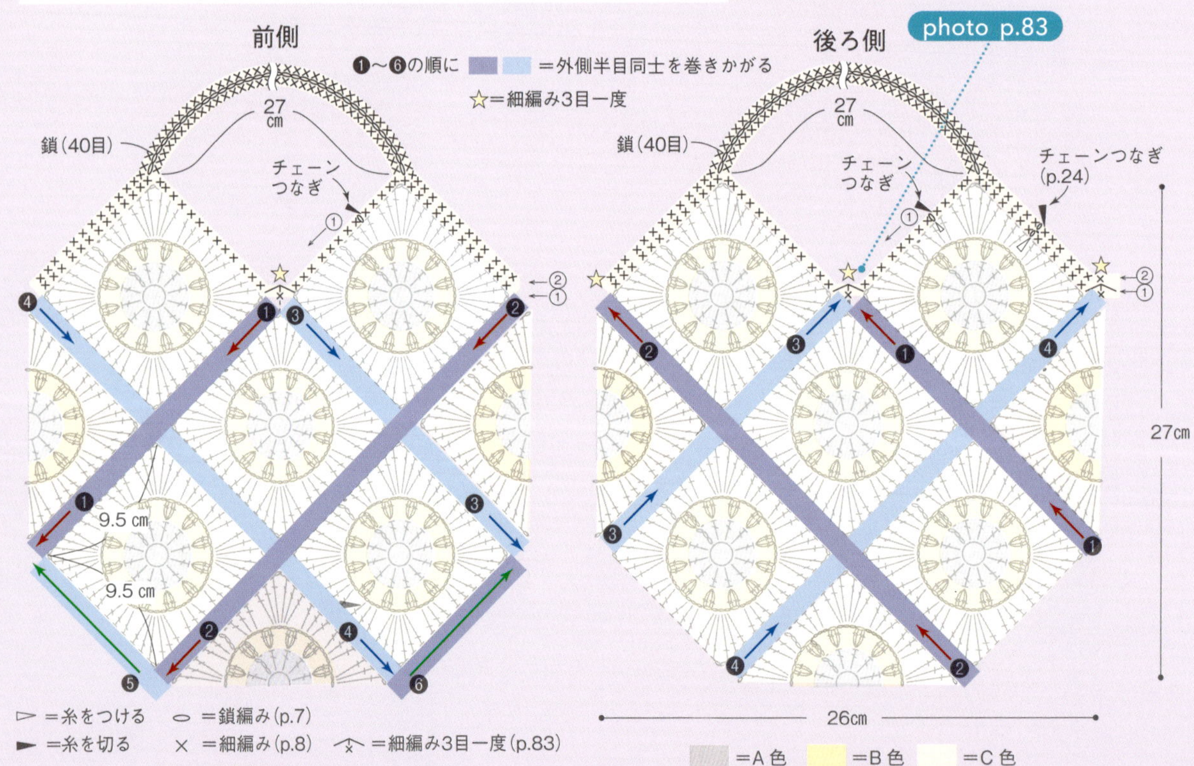

Smartphone strap

# スマホストラップ

ボリュームフリルがとっても華やか。どこにでもつけていきたくなるようなおしゃれなストラップ。バッグの持ち手にも、シュシュにもアレンジできます!

How to make ►p.86

## How to make 難易度★★☆

### 用意するもの

**糸**

並太〈DAISO　アクリル毛糸
ベビーピンク　シルバーグレー〉85g

**針**

8/0号かぎ針　とじ針

**その他**

4cmのナスカン2個

**Point**

作り目はスレッドコードで、両サイドに図を参照して長編みを編む。

### 手順

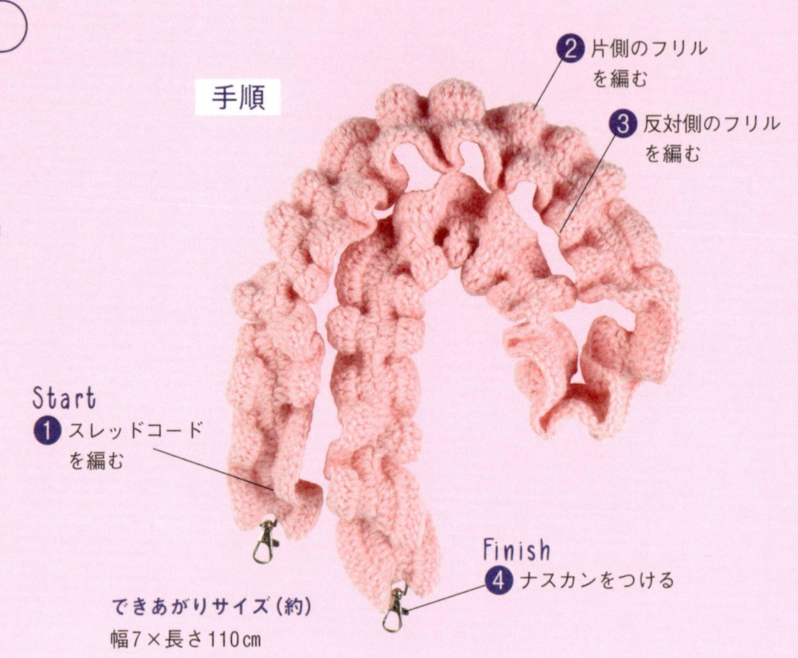


**できあがりサイズ（約）**
幅7×長さ110cm

### 編み方図

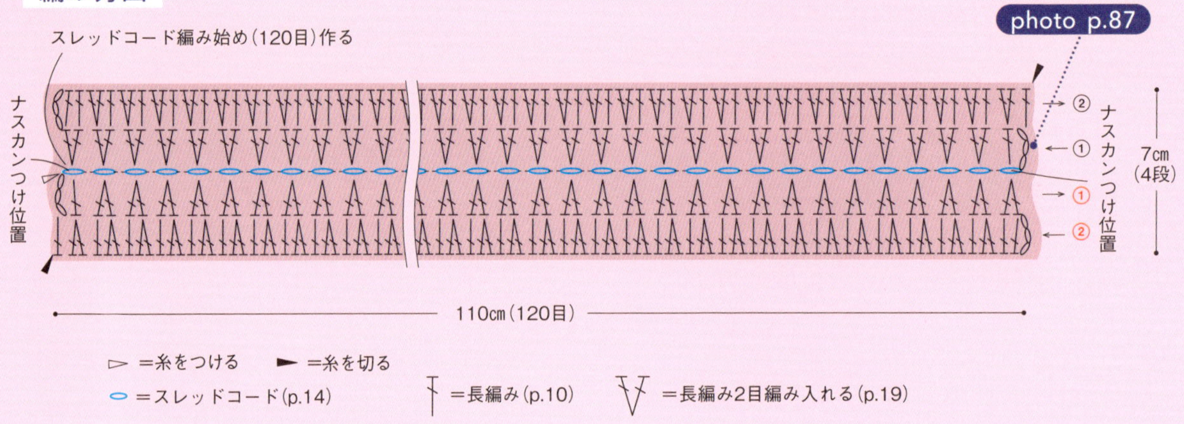


▷ ＝糸をつける　◀ ＝糸を切る
⬭ ＝スレッドコード（p.14）　╈ ＝長編み（p.10）　V ＝長編み2目編み入れる（p.19）

### 編み方

①**1段め**＿毛糸を4m引き出したところからスレッドコードを120目、鎖3目の立ち上がり、根元の目に長編み1目、［長編み2目編み入れる］を119回繰り返す【240目】。

②**2段め**＿編み地を返して鎖3目の立ち上がり、同じ目に長編み1目、［長編み1目、長編み2目編み入れる］を119回繰り返す。1段めの立ち上がりの鎖3目めに長編み1目、糸を切る【360目】。

①**1段め**＿スレッドコードの端に糸端を20cm残して糸をつけ、鎖3目の立ち上がり、同じ目に長編み1目、長編み2目編み入れるを119回繰り返す【240目】。

②**2段め**＿編み地を返して鎖3目の立ち上がり、同じ目に長編み1目、［長編み1目、長編み2目編み入れる］を119回繰り返す。1段めの立ち上がりの鎖3目めに長編み1目、10cm程度残して糸を切る【360目】。

**〈仕上げ〉**

編み終わりの糸は糸始末をする。スレッドコードの残っている糸と1段めで糸をつけたときに残した糸をとじ針に通し、ナスカンつけ位置にナスカンをつける。

## スレッドコードからの編み出し方

スレッドコードから続けて、立ち上がりの鎖3目を編む。コードの最後の目を拾って針を入れる。

長編みを1目編む。

スレッドコードの、1と同じ向きの鎖を拾って針を入れ、1目に対して長編みを2目ずつ編む。

編み進むと編み地がフリル状になる。端まで編んだら、往復編みで2段めを編む。編み終わりは10cm程度残して糸を切る。

上下をひっくり返し、スレッドコードの鎖に残っている糸を拾って針を入れ、新しい糸をつける。立ち上がりの鎖3目と長編み1目を1段めと同様に編む。

スレッドコードの鎖1目に対して長編みを2目ずつ編む。

※わかりやすいよう、糸の色をかえています

### アレンジでシュシュを楽しもう

スマホストラップの編み方を応用してシュシュを編むことができます。ヘアゴム（直径5cm）に糸をつけ、1周細編み（約50目）を編みつけてから長編みで2段めまで編み、色をかえて細編みを1段編みます。

#### ヘアゴムに糸をつける方法

ゴムを針にかけてからスリップノット（p.7）を作り、細編みで編みくるむ。

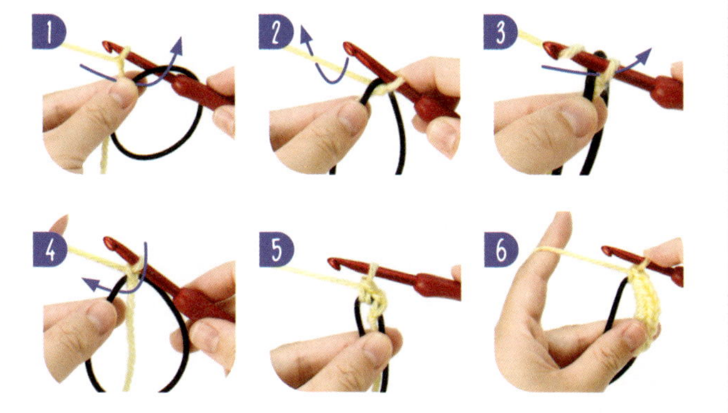

# 編み上げバッグ

スマホやお財布などを入れて、ちょっとしたお出かけにぴったりなサイズ感。レーシーなデザインとリボンがかわいいバッグ。お好みで内袋を入れると、型崩れせずに使えます。

How to make ▶p.89

a　b

Lace-up bag

## How to make 難易度★★☆

### 用意するもの

**糸**
a＝並太コットン糸〈ごしょう産業　エムブークレー　白(4)〉95g
b＝並太〈ごしょう産業　なないろ彩色　白(2501)〉75g

**針**
7/0号かぎ針　とじ針　縫い針

**その他**
リボン(a幅3cmのオーガンジーリボン、
b幅1cmのサテンリボン)1.5m　ほつれ止め液　縫い糸

**Point**
鎖の作り目をして細編みを輪に編んで底を作る。続けて本体を模様編みAで編む。持ち手は鎖の作り目をして模様編みBで編む。

### 手順

できあがりサイズ(約)　幅20×高さ28cm

### 編み方図

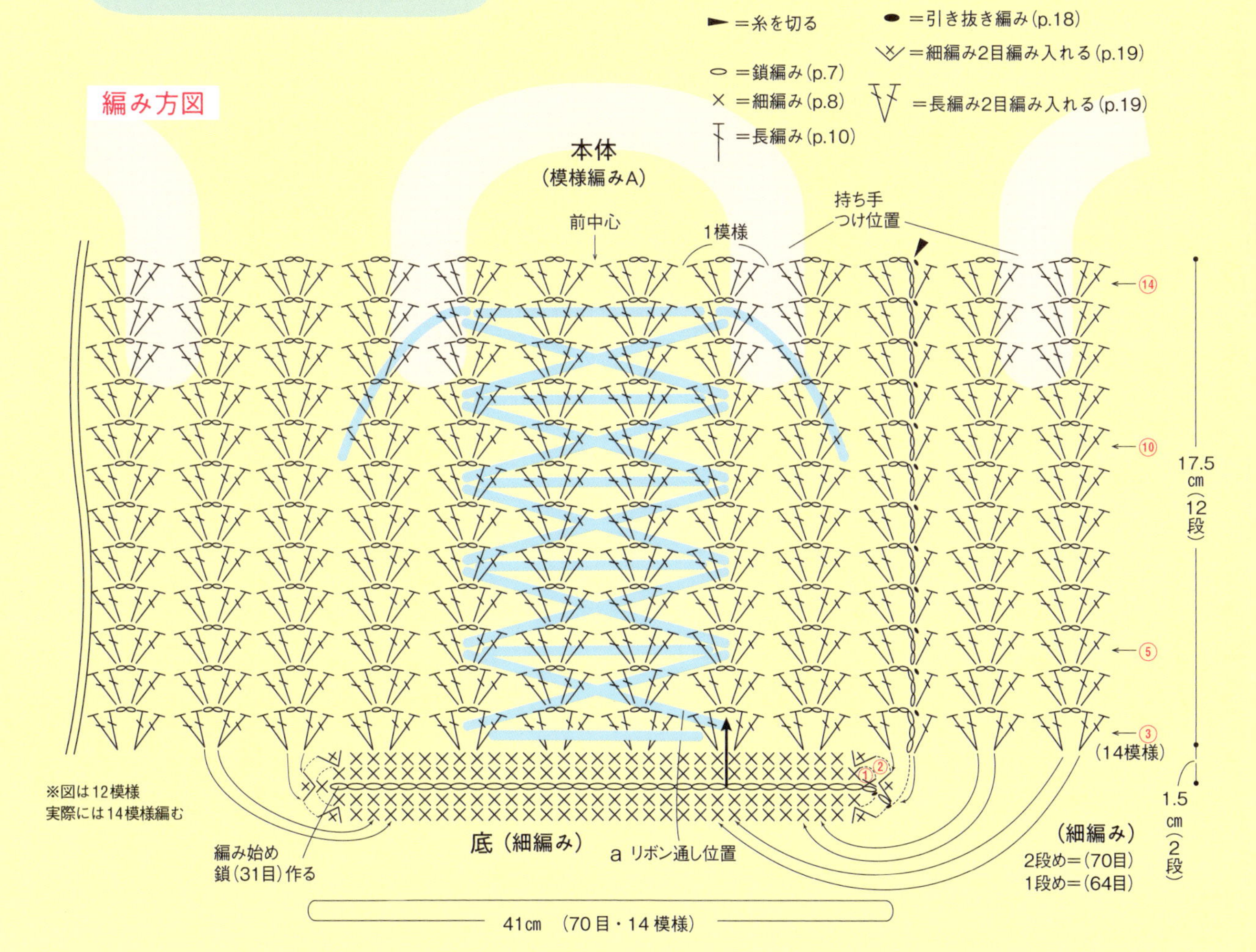

## 編み方

**〈本体〉**

**①1段め**＿鎖31目の作り目、鎖1目の立ち上がり、鎖編みの裏山を拾って最初の鎖目に細編み2目編み入れる、鎖目の裏山を拾って細編み30目、編み地の上下を返して1目めの鎖編みに細編み2目編み入れる、細編み30目、段の始めの細編みに引き抜く【64目】。

**②2段め**＿鎖1目の立ち上がり、細編み2目編み入れるを2回、細編み29目、細編み2目編み入れるを3回、細編み29目、細編み2目編み入れる、段の始めの細編みに引き抜く【70目】。

**③3段め**＿鎖3目で立ち上がり、鎖2目、長編み2目編み入れる、[3目とばして長編み2目編み入れる、鎖2目、長編み2目編み入れる]を13回繰り返し、立ち上がりの根元に長編み1目、立ち上がりの鎖3目めに引き抜く。

**4～14段め**＿鎖3目で立ち上がり、鎖2目、前段の鎖目の下のスペースに針を入れて長編み2目編み入れる、[前段の鎖目の下に針を入れて長編み2目編み入れる、鎖2目、同じ鎖目に長編み2目編み入れる]を13回繰り返し、立ち上がりの根元に長編み1目、立ち上がりの鎖3目めに引き抜き、糸を切る。

## 編み方図

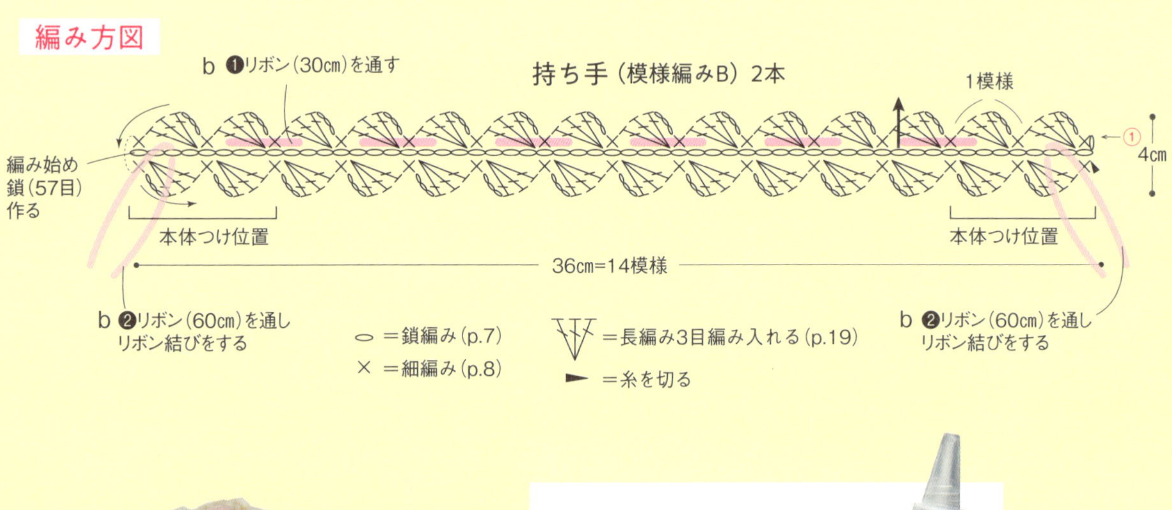

### ほつれ止め液

ほつれやすい生地やリボンの端処理や、カットした面の補強に便利！

**〈持ち手〉**

**①1段め**＿糸端を25㎝程度残し、鎖57目の作り目、鎖1目の立ち上がり、[鎖1目の裏山を拾い細編み1目、鎖3目、長編み3目編み入れる、鎖目を3目とばす]を14回繰り返す。細編み1目、編み地の上下を返して[鎖1目に細編み1目、鎖3目、長編み3目編み入れる、鎖目を3目とばす]を14回繰り返す。細編み1目、糸を25㎝程度残して切る。2本編む。

**〈仕上げ〉**

p.89の図の持ち手つけ位置を参照して持ち手の2模様分と本体を合わせる。持ち手の鎖目部分に残していた糸端で縫いとめる。aはリボンをリボン通し位置(p.89)に通して、リボン結び。bは前側になる持ち手に30㎝のリボンを通し、両端は持ち手の裏に縫いとめる。新たに60㎝のリボン2本を持ち手端にそれぞれ通してリボン結びをする。リボンの端にほつれ止め液をぬる。

# ビスチェ

グラニースクエアモチーフとフリルがかわいいビスチェ。モチーフが編めれば、お洋服だって作れちゃう！　編み上げの後ろ姿もおしゃれ♡　挑戦してみて。

How to make ►p.92

# How to make 難易度★★★

## 用意するもの

**糸**

a＝中細〈ごしょう産業　なないろ彩色中細
白(2531) 紫(2538) 赤(2532)〉A色65g　B色15g　C色20g
b＝合太コットン糸〈ごしょう産業　NEWエンジェルコットン
白(2001)　紺(2008) 青(2020)〉A色115g　B色20g　C色25g

**針**

5/0号かぎ針　とじ針

**Point**

輪の作り目をし、図を参照して糸をかえながらモチーフ四角を12枚、モチーフ三角を2枚編む。モチーフのつなぎ方を参照して半目の引き抜きはぎでモチーフをつなぎ、細編み、模様編みを編む。ひもを編み、肩ひもはモチーフの裏に縫いつけ、編み上げひもは通し位置に通す。

## 手順

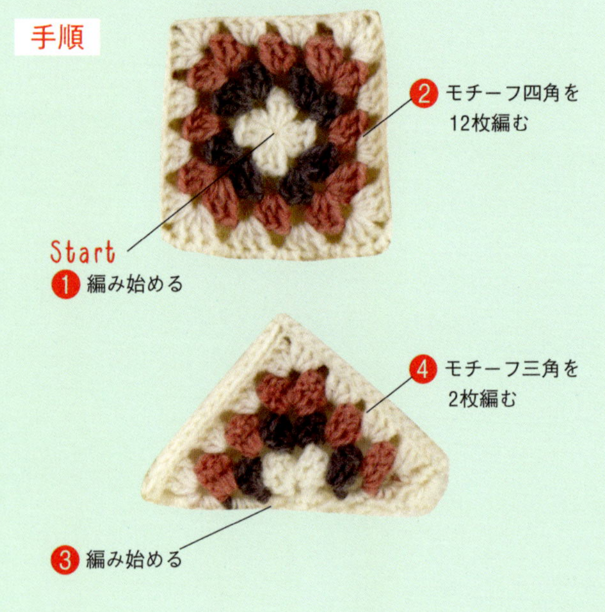


## 編み方図

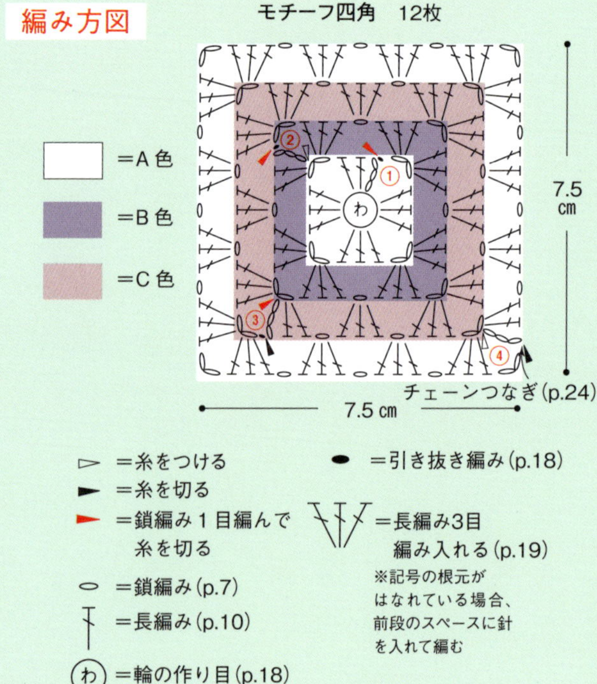


## 編み方

**〈モチーフ四角〉**

※2段め以降の長編みはすべて前段の鎖の下のスペースに針を入れて編む。糸のかえ方はp.27参照。

①**1段め**＿A色で輪の作り目。鎖3目の立ち上がり、長編み2目、鎖2目、[長編み3目、鎖2目]を3回繰り返し、立ち上がりの鎖3目めに引き抜く。鎖1目編んで針にかかった糸を引き、糸を切ってから引き締める。

②**2段め**＿B色を前段の鎖につけて、鎖3目の立ち上がり、長編み2目編み入れる、鎖1目、[長編み3目編み入れる、鎖2目、長編み3目編み入れる、鎖1目]を3回繰り返し、長編み3目編み入れる、鎖2目、立ち上がりの鎖3目めに引き抜く。鎖1目編んで針にかかった糸を引き、糸を切ってから引き締める。

③**3段め**＿C色を前段の鎖につけて、鎖3目の立ち上がり、長編み2目、[鎖1目、長編み3目、鎖1目、長編み3目、鎖2目、長編み3目]を3回繰り返し、鎖1目、長編み3目、鎖1目、長編み3目、鎖2目、立ち上がりの鎖の3目めに引き抜く。鎖1目編んで針にかかった糸を引き、糸を切ってから引き締める。

④**4段め**＿A色を前段の鎖につけて、鎖3目の立ち上がり、長編み2目、[鎖1目、長編み3目、鎖1目、長編み3目、鎖1目、長編み3目、鎖2目、長編み3目]を3回繰り返し、鎖1目、長編み3目、鎖1目、長編み3目、鎖1目、長編み3目、鎖2目、最後はとじ針でチェーンつなぎ。

〈モチーフ三角〉※2段め以降の長編みは、すべて前段の鎖の下のスペースに針を入れて編む。

①1段め＿A色で鎖7目の作り目、鎖1目の立ち上がり、鎖4目めに長編み3目編み入れる、鎖2目、長編み3目編み入れる、鎖1目、作り目の1目めに引き抜く。鎖1目編んで針にかかった糸を引き、糸を切ってから引き締める。

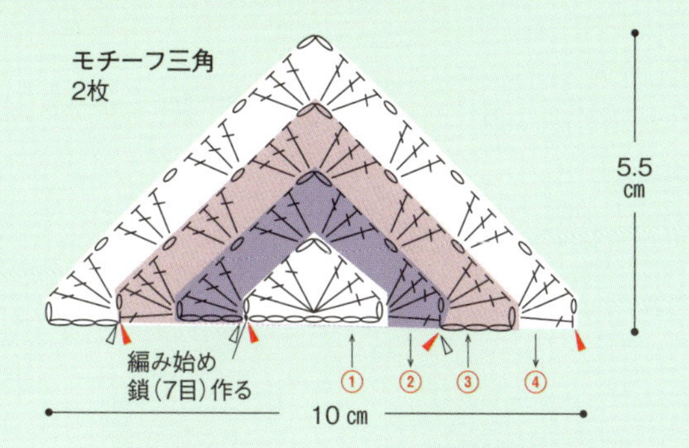


②2段め＿編み地を裏に返して、B色をつけて鎖3目の立ち上がり、鎖1目、長編み3目、鎖1目、長編み3目、鎖2目、長編み3目、鎖1目、長編み3目、鎖1目、長編み1目。鎖1目編んで針にかかった糸を引き、糸を切ってから引き締める。

③3段め＿編み地を表に返してC色をつけて鎖3目の立ち上がり、鎖1目、長編み3目、鎖1目、長編み3目、鎖1目、長編み3目、鎖2目、長編み3目、鎖1目、長編み3目、鎖1目、長編み3目、鎖1目、長編み1目。鎖1目編んで針にかかった糸を引き、糸を切ってから引き締める。

④4段め＿編み地を裏に返して、A色をつけて鎖3目の立ち上がり、鎖1目、長編み3目、鎖1目、長編み3目、鎖1目、長編み3目、鎖1目、長編み3目、鎖2目、長編み3目、鎖1目、長編み3目、鎖1目、長編み3目、鎖1目、長編み3目、鎖1目、長編み1目。鎖1目編んで針にかかった糸を引き、糸を切ってから引き締める。

## モチーフ三角の編み方

※モチーフのつなぎ方はp.94参照

鎖編みからスタートし、1段めを三角に編む。鎖1目編んで10cm程度残して糸を切る。

裏返して新しい糸をつけ、2段めを編む。鎖1目編んで10cm程度残して糸を切る。

表に返して新しい糸をつけ、3段めを編む。鎖1目編んで10cm程度残して糸を切る。

裏返して新しい糸をつけ、4段めを編む。鎖1目編んで10cm程度残して糸を切る。

## モチーフのつなぎ方

※わかりやすいよう、糸の色をかえています

半目の引き抜きはぎ(p.28)の要領で、隣り合うモチーフをつなぐ。

交差部分で鎖1目編む。

交差部分の上をまたいで進み、次のモチーフを引き抜きはぎする。

引き抜きはぎが交差したところ。

## 手順

**できあがりサイズ(約)**
身幅 37.5cm～
着丈 20.5cm(肩ひもを除く)

**〈モチーフつなぎと縁編み〉**

モチーフを図のようにA色で半目の引き抜きはぎでつなぐ。図の位置にA色をつけ、周りに1周細編みを編んでチェーンつなぎ。新たにA色をつけ、模様編みで縁編みを編む。

**〈フリル〉**

**①1段め**＿モチーフの裾側にA色をつけ、鎖3目の立ち上がり、[長編み2目編み入れる、長編み1目]を端まで繰り返す。

**②2段め**＿編み地を返して鎖3目の立ち上がり、1目めに長編み1目、[長編み1目、長編み2目編み入れる]を端まで繰り返す。

**3〜5段め**＿鎖3目で立ち上がり、すべての目に長編みを編む。

## 肩ひも、編み上げひも（二重鎖）

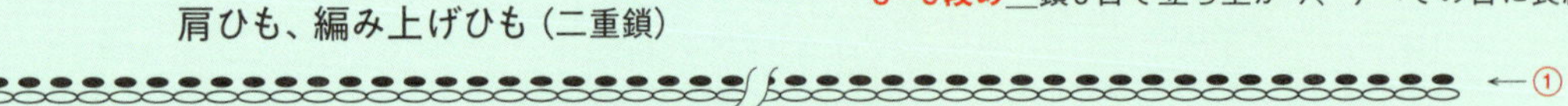


肩ひも（前）＝約49cm（120目）を2本
肩ひも（後ろ）＝約57cm（140目）を2本
編み上げひも＝約170cm（430目）を1本

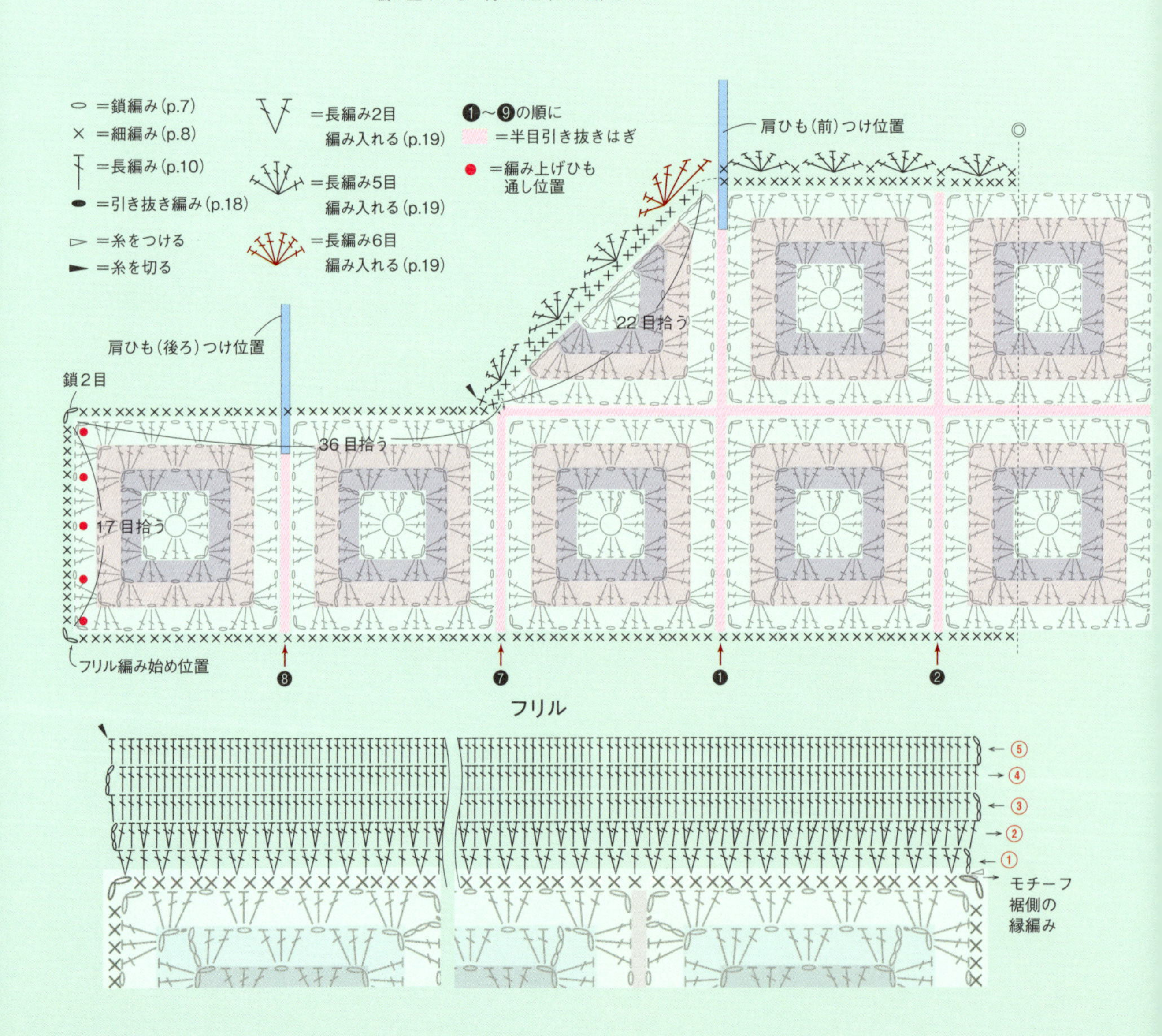

## ［二重鎖］の編み方

※わかりやすいよう、糸の色をかえて編んでいます

**1** 鎖編みを指定の長さ（目数）編む。鎖の裏山に針を入れる。

針を入れたところ。

**2** 糸をかけてループ2本から引き抜く。

引き抜いたところ。

**3** 鎖編みの編み始めまで、1、2を繰り返して編む。

ひもの編み方は覚えておくと便利だよ

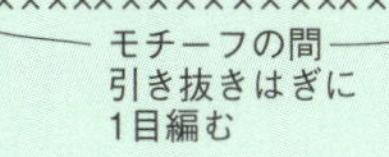

**〈仕上げ〉**

肩ひも、編み上げひもをA色で二重鎖（上記参照）で編み、肩ひもはそれぞれの位置に縫いつける。編み上げひもはひも通し位置に通す。

## もちだあかり

かわいいあみこものデザインで注目を集め、人気急上昇中の編み物作家。
YouTubeチャンネル登録者数は10万人を超える（2024年12月末時点）。
小学生のとき母から教わり、編み物を始める。数年前、海外の英文パターンに出会い、自由に編み物を楽しんでいる姿に衝撃を受けたことからオリジナル作品の制作を開始。
ていねいで親切な解説が「わかりやすい！」「これなら編めた！」と大好評。

YouTube：@mochidaakari
Instagram：@mochida_akari
Web：https://www.mochidaakari.com



はじめてでも「かわいい」がつくれる！

# かぎ針編みの、あみこもの

2025年2月15日　初版発行
2025年4月5日　3版発行

著者／もちだあかり

発行者／山下直久

発行／株式会社KADOKAWA
〒102-8177　東京都千代田区富士見2-13-3
電話　0570-002-301（ナビダイヤル）

印刷所／TOPPANクロレ株式会社
製本所／TOPPANクロレ株式会社





●お問い合わせ
https://www.kadokawa.co.jp/ （「お問い合わせ」へお進みください）

※内容によってはお答えできない場合があります。
※サポートは日本国内のみとさせていただきます。
※Japanese text only

定価はカバーに表示してあります





ISBN978-4-04-607199-6 C0077